TEDBooks

Hijo de terrorista
Una historia sobre la posibilidad de elegir tu destino

ZAK EBRAHIM
con JEFF GILES

 Empresa Activa

Argentina – Chile – Colombia – España
Estados Unidos – México – Perú – Uruguay – Venezuela

Título original: *The Terrorist's Son – A Story of Choice*
Editor original: TED Books – Simon & Schuster, Inc., New York
Traducción: Martín R-Courel Ginzo

1.ª edición Julio 2016

ISBN: 978-84-92921-51-5
E-ISBN: 978-84-9944-998-2
Depósito legal: B-9.844-2016

Fotocomposición: Ediciones Urano, S.A.U.

Impreso por: MACROLIBROS, S.L.
Polígono Industrial de Argales – Vázquez de Menchaca, 9 – 47008 Valladolid

Impreso en España – *Printed in Spain*

Un hombre no es sino el fruto de sus creencias.
En lo que cree, se convierte.
Gandhi

ÍNDICE

Hijo de terrorista

1 5 de noviembre de 1990
Cliffside Park, Nueva Jersey

Mi madre me sacude en mi cama para despertarme.

—Ha habido un accidente —dice.

Tengo siete años, un niño gordito ataviado con un pijama de Tortuga Ninja Mutante Adolescente. Estoy acostumbrado a que me despierten antes del amanecer, pero solo por mi padre, y únicamente para rezar sobre mi pequeña alfombra con los minaretes. Nunca por mi madre.

Son las once de la noche. Mi padre no está en casa. Últimamente se ha estado quedando por la noche en la mezquita de Jersey City cada vez hasta más tarde. Pero para mí sigue siendo Baba, divertido, cariñoso, afectuoso. Justo esa mañana ha intentado enseñarme, por enésima vez, cómo atarme los zapatos. ¿Acaso ha sufrido un accidente? ¿Y qué *clase* de accidente? ¿Está herido? ¿Está *muerto*? No puedo formular las preguntas porque me asustan demasiado las respuestas.

Mi madre extiende con una sacudida una sábana blanca —que se expande brevemente, como si fuera una nube— y se inclina para colocarla sobre el suelo.

—Mírame a los ojos, Z —dice, y su cara está tan contraída por la preocupación que me cuesta reconocerla—. Tienes que vestirte lo más deprisa posible. Y luego tienes que poner tus cosas encima de esta sábana y envolverlas con ella fuertemente. ¿De acuerdo? Tu hermana te ayudará. —Se dirige a la puerta—. *Yulla*, Z, *Yulla*. Vamos.

—Espera —digo. Es la primera palabra que he conseguido articular desde que salí precipitadamente de debajo de mi manta de He-Man—. ¿Qué debo meter en la sábana? ¿Qué... *cosas*?

Soy un buen niño. Tímido. Obediente. Quiero hacer lo que diga mi madre.

Ella se detiene para mirarme.

—Todo lo que te quepa —dice—. No sé si vamos a volver.

Se da la vuelta y desaparece.

En cuanto termino de hacer el equipaje, mi hermana, mi hermano y yo bajamos sin hacer ruido al salón. Mi madre ha llamado al primo de mi padre que vive en Brooklyn —le llamamos tío Ibrahim, o simplemente Ammu—, y ahora está hablando acaloradamente con él. Tiene la cara roja. Aprieta el auricular con la mano izquierda, y con la derecha se ajusta nerviosamente el *hiyab* donde se le ha aflojado alrededor de la oreja. El televisor suena al fondo. El avance informativo. *Interrumpimos este programa*. Mi madre nos sorprende mirando, y corre a apagarlo.

Habla un rato más con Ammu Ibrahim dándonos la espalda. Cuando cuelga, el teléfono empieza a sonar. Es un sonido discordante en mitad de la noche: demasiado fuerte y como si *supiera* algo.

Mi madre descuelga. Es uno de los amigos de Baba de la mezquita, un taxista llamado Mahmoud. Todo el mundo le llama Red [Pelirrojo], a causa de su pelo. Red parece desesperado por ponerse en contacto con mi padre. «No está aquí», le informa mi madre. Ella escucha durante un instante. «De acuerdo», dice, y cuelga.

El teléfono vuelve a repiquetear. Qué ruido tan horrible.

Esta vez no soy capaz de adivinar quién llama. Mi madre dice: «¿De verdad?», «¿Preguntando por nosotros? ¿La policía?»

Un rato más tarde, me despierto sobre la alfombra del suelo del salón. Mal que bien, en medio del caos, me he quedado dormido. Todo lo que podríamos llevarnos —y más— está apilado junto a la puerta, amenazando con venirse abajo en cualquier momento. Mi madre da vueltas de aquí para allá, revisando y volviendo a revisar su bolso. Tiene todos nuestros certificados de nacimiento: la prueba, si alguien la exige, de que es nuestra madre. Mi padre, El-Sayyid Nosair, nació en Egipto, pero mi madre nació en Pittsburgh. Antes de que recitara la Shahada [Testimonio de Fe] en una mezquita local y se convirtiera al islamismo —antes de que adoptara el nombre de Khadija Nosair— respondía al de Karen Mills.

—Vuestro tío Ibrahim va a venir a buscarnos —me dice cuando me ve incorporarme y frotarme los ojos. A estas alturas, la preocupación en su voz está teñida de impaciencia—. Si es que viene alguna vez.

No pregunto adónde vamos a ir, y nadie me lo dice. Nos limitamos a esperar. Esperamos bastante más de lo que debería tardar Ammu en conducir desde Brooklyn a Nueva Jersey. Y cuanto más esperamos, más deprisa pasea mi madre y mayor es la sensación de que hay algo en mi pecho que va a estallar. Mi hermana me rodea con el brazo. Intento ser valiente. Y rodeo a mi hermano con un brazo.

—¡Ya Allah! —exclama mi madre—. Esto me está volviendo loca.

Yo asiento con la cabeza como si entendiera.

• • •

Esto es lo que mi madre no dice: un pistolero árabe disparó a Meir Kahane, un rabino militante y fundador de la Liga de la Defensa Judía, al concluir una conferencia celebrada en una sala de baile del hotel Marriott de Nueva York. El pistolero huyó de la escena del crimen, y disparó a un anciano en la pierna en su huida. Luego, se metió a toda prisa en un taxi que estaba esperando delante del hotel, pero entonces salió de nuevo y echó a correr por la calle, arma en ristre. Un agente del Servicio Postal de Estados Unidos, que casualmente pasaba por allí, mantuvo un tiroteo con él. El pistolero se desplomó sobre la calle. Los telediarios no pudieron evitar comentar un detalle macabro: tanto el rabino Kahane como el asesino tenían impactos de bala en el cuello. No se esperaba que ninguno sobreviviera.

En este momento las emisoras de televisión están actualizando las noticias sin cesar. Hace una hora, mientras mi hermana, mi hermano y yo dormíamos los últimos segundos de lo que nos quedaba de algo parecido remotamente a una infancia, mi madre había escuchado el nombre de Meir Kahane y levantado la mirada hacia la pantalla. Lo primero que vio fue la imagen del pistolero árabe, y casi se le para el corazón: era mi padre.

● ● ●

Es la una de la madrugada cuando el tío Ibrahim se detiene delante de nuestro piso. Ha tardado tanto porque tuvo que esperar a que su esposa y sus hijos estuvieran listos. Insistió en que le acompañaran porque, como musulmán devoto, no podía arriesgarse a estar en un coche con una mujer que no fuera su esposa; en otras palabras, mi madre. Ya hay cinco personas dentro del coche. Y ahí estamos cuatro más intentando meternos a presión de cualquier manera. Siento que la ira de mi madre va en aumento: es tan devota como mi tío, pero de todas formas los hijos de *ella* iban a estar en el coche con ambos, así que, ¿qué sentido tenía perder todo ese tiempo?

Enseguida atravesamos un túnel bajo unas pálidas luces fluorescentes que fluyen a toda prisa sobre nuestras cabezas. El coche resulta extravagantemente estrecho; formamos un entramado gigante de piernas y brazos. Mi madre necesita ir al baño. Tío Ibrahim le pregunta si quiere que pare en alguna parte. Ella niega con la cabeza. Dice: «Llevemos a los niños a Brooklyn y luego vayamos al hospital. ¿Vale? Lo más deprisa que podamos. *Yulla*».

Es la primera vez que alguien ha pronunciado la palabra *hospital*. Mi padre está en el hospital. Porque ha tenido un *accidente*. Eso significa que está herido, aunque también significa que no está muerto. Las piezas del rompecabezas empiezan a encajar en mi cabeza.

Cuando llegamos a Brooklyn —Ammu Ibrahim vive en un inmenso bloque de pisos de ladrillo cerca de Prospect Park—, los nueve salimos del coche en un grupo desordenado. Una vez en el vestíbulo, el ascensor tarda una eternidad en llegar, así que mi madre, desesperada por ir al baño, me coge de la mano y me lleva rápidamente a las escaleras.

Sube los escalones de dos en dos. Me esfuerzo en seguirla. Veo al pasar la imagen borrosa del segundo piso, luego del tercero. El piso de Ammu está en la cuarta planta. Doblamos la esquina del descansillo jadeando. Estamos eufóricos por haberlo conseguido: ¡hemos ganado al ascensor! Y entonces vemos a tres hombres delante de la puerta de mi tío. Dos van vestidos con traje oscuro y se dirigen hacia nosotros lentamente, sujetando en alto sus placas. El otro hombre es un agente de policía, y está agarrando la pistola que lleva en la cartuchera. Mi madre camina hacia ellos.

—Tengo que ir al baño —dice—. Hablaré con ustedes cuando haya terminado.

Los hombres parecen confundidos, pero la dejan seguir. Sin embargo, cuando intenta meterme también en el baño uno de los del traje oscuro levanta la palma de la mano, como un policía de tráfico.

—El niño tiene que quedarse con nosotros —dice.

—Es mi hijo —les dice mi madre—. Y viene conmigo.

—No podemos permitirlo —dice el otro de traje oscuro.

Mi madre se queda desconcertada, pero solo durante un instante.

—¿Acaso creen que me voy a autolesionar ahí dentro? ¿Es que piensan que voy a hacerle daño a mi *hijo*?

El primer trajeado la mira con cara de póquer.

—El niño se queda con nosotros —dice. Entonces baja la mirada hacia mí con un patético intento de sonrisa—. Tú debes de ser —consulta su libreta— ¿Abdulaziz?

Aterrorizado, empiezo a asentir con la cabeza sin poder parar.

—Z —respondo.

La familia de Ibrahim llega en ese momento a la puerta del piso y rompe el incómodo silencio. La mujer de mi tío nos lleva a mí y a los demás niños a una de las habitaciones y nos ordena que nos echemos a dormir. Somos seis. Hay una serie de literas para niños empotradas en la pared, algo parecido a lo que te encontrarías en la sala de juegos de un McDonald's. Nos tumbamos en cada rincón disponible retorciéndonos como gusanos, mientras mi madre habla con la policía en el salón. Me esfuerzo por escucharlos a través de la pared. Todo lo que puedo oír son unos gruñidos sordos y el chirrido de los muebles al arañar el suelo.

● ● ●

En el salón, los del traje negro tienen tantas preguntas que hacer que es como si mi madre estuviera atrapada en una granizada. Recordará dos preguntas sobre todas las demás: «¿Cuál es su actual dirección?», y «¿Sabía que su marido iba a disparar al rabino Kahane esta noche?»

La respuesta a la primera pregunta es más complicada que la de la segunda.

Baba trabaja para la ciudad de Nueva York reparando la calefacción y el aire acondicionado de los tribunales de Manhattan, y la ciudad exige que sus empleados vivan en uno de los cinco distritos municipales. Así que fingimos que vivimos en el piso de mi tío. Si la policía apareció aquí esta noche fue solo a causa de esa pequeña mentira en los expedientes.

Mi madre explica todo esto. Y le dice la verdad a los policías sobre el tiroteo: no sabía nada al respecto. No había oído ni la menor palabra. *Nada*. Detesta hablar de violencia. En la mezquita todos saben de sobra que deben abstenerse de alborotar en su presencia.

Responde a una lluvia de preguntas relacionadas con la cabeza alta y las manos inmóviles en el regazo. Pero durante todo ese rato una idea la golpea dentro de la cabeza como una migraña: tiene que ir a ver a mi padre. Debe estar a su lado.

Al final mi madre estalla:

—Oí en la tele que Sayyd va a morir.

Los del traje negro se miran entre sí, pero no responden.

—Quiero estar con él. No quiero que muera solo.

Sigue sin haber respuesta.

—¿Me llevarán hasta él? Por favor, ¿me llevarán hasta él, *por favor*?

Lo repite una y otra vez. Al final los del traje oscuro suspiran y guardan sus bolígrafos.

● ● ●

Delante del hospital la policía pulula por todas partes. Hay una multitud alborotada que aglutina a los furiosos, los asustados y los curiosos. Hay furgonetas de las televisiones y camiones de transmisiones vía satélite. Un helicóptero sobrevuela la zona. Mi madre e Ibrahim son entregados a un par de policías uniformados que se muestran abiertamente hostiles. Mi familia no es nada. *Menos* que nada: la familia de un asesino. Mi madre está traumatizada, mareada y, sobre todo, hambrienta. La ira de los policías es solo una cosa más que percibe como a través de un cristal empañado.

Ella e Ibrahim son conducidos al interior por una entrada situada en la otra punta del hospital. Camino de los ascensores, mi madre atisba por un largo pasillo recién encerado, reluciente bajo la dura iluminación. Ve una multitud de personas que claman por atravesar el control de seguridad. Los periodistas preguntan a gritos. Las cámaras parpadean. Mi madre se siente sudorosa y débil. Su cabeza, su estómago… todo empieza a rebelarse.

—Me voy a caer —le dice a Ibrahim—. ¿Puedo agarrarme a ti?

Ibrahim se niega. Como musulmán devoto, no le está permitido tocarla. Solo le permite que le agarre del cinturón.

Delante de los ascensores uno de los policías señala hacia el interior y dice bruscamente: «Entren». Suben hasta la unidad de cuidados intensivos envueltos en un silencio hostil. Cuando el ascensor se abre, mi madre sale a la brillante luz de la UCI. Un agente de las fuerzas especiales se pone en posición de firmes de un salto y se lleva el rifle al pecho.

Mi madre da un grito ahogado. Ibrahim da un grito ahogado. Uno de los policías pone los ojos en blanco y saluda con la mano al agente de las fuerzas especiales. Este baja el arma.

Mi madre se abalanza hacia la cama de mi padre. Ibrahim entra lentamente detrás de ella para dejarle espacio.

Baba está inconsciente, tiene el cuerpo horriblemente hinchado y está desnudo hasta la cintura. Está conectado a media docena de máquinas mediante cables y tubos, y le han cosido una larga herida en el cuello en el lugar donde le disparó el agente del Servicio Postal. Parece que tuviera una enorme oruga en el cuello. Las enfermeras acuden apresuradamente a la cama de mi padre. No les hace ninguna gracia la interrupción.

Mi madre alarga la mano para acariciar el hombro de Baba. Tiene el cuerpo tan endurecido y la piel tan fría que mi madre retrocede.

—¿Ya está muerto? —pregunta con voz temblorosa—. ¡*Ya Allah*, ya está muerto!

—No, no está muerto —dice una de las enfermeras sin molestarse en disimular su enfado. *La familia de un asesino*—. Y aparte las manos de él. No puede tocarle.

—Es mi marido. ¿Por qué no puedo tocarle?

—Porque tenemos unas normas.

Mi madre está demasiado alterada para comprender, pero más tarde resolverá que las enfermeras tenían miedo de que ella arrancara los tubos y los cables y dejara morir a mi padre. Ahora baja las manos a los costados. Se inclina para susurrar al oído a mi padre. Le dice que todo va bien, que ella está allí, a su lado, que le quiere, que —si estuviera aguantando por ella— todo va bien, que está allí, que le quiere, que puede irse. Cuando las enfermeras no miran, le da un beso en la mejilla.

Más tarde, en una pequeña sala de reuniones de la UCI, un médico le dice a mi madre que mi padre va a vivir. El médico es la primera persona amable con la que se ha encontrado en toda la noche y —consolada por su empatía, sencilla y humana— se echa a llorar por primera vez. El médico espera a que recobre la entereza antes de volver a hablar. Entonces dice que Baba se desangró y que se le hizo una transfusión. Sigue teniendo alojada una bala en alguna parte de su cuello pero, dado que su arteria carótida casi fue seccionada, no quieren arriesgarse a explorar para buscarla. El hecho de que la bala no llegara a salir del cuerpo de mi padre fue lo que le salvó la vida.

El médico se sienta con mi madre mientras ella asimila todo esto, o lo intenta. Entonces los policías regresan. Conducen a mi madre y a Ibrahim hasta el ascensor y pulsan el botón de bajada. Cuando llega el ascensor y las puertas se abren, uno apunta al interior y vuelve a decir: «Entren».

Fuera está amaneciendo. Cualquier otro día, el cielo parecería hermoso. Pero acaban de confirmar la muerte del rabino Kahane —la bala sí que salió de *su* cuerpo, así que murió de la misma herida que casi mata a mi padre—, y el aparcamiento sigue lleno de coches patrulla y camiones de transmisiones vía satélite, y todo es espantoso, y ni mi madre ni Ibrahim han podido realizar sus oraciones matutinas. Mi madre se consuela con dos cosas. Una es que, fuera lo que fuese lo que poseyera a mi padre y le hiciera cometer un acto tan monstruoso, nunca más volverá a hacer daño a nadie. La otra es que el hecho de que sobreviva es un don.

En ambos casos, está equivocada.

2 En la actualidad

Hay una razón para que el odio asesino tenga que ser enseñado; y no solo enseñado, sino inculcado a la fuerza. La de que no es un fenómeno de origen natural. Es una mentira. Una mentira contada una y mil veces, a menudo a personas que no tienen recursos y a las que se les niega opiniones alternativas del mundo. Es una mentira que mi padre se creyó, y que esperaba transmitirme.

• • •

Lo que mi padre hizo el 5 noviembre de 1990 destruyó a mi familia. Aquello nos arrojó a una vida de amenazas de muerte y hostigamiento mediático, al nomadismo y a una pobreza constantes, a miles de «nuevos comienzos» que casi siempre conducían a algo peor. La suya fue una infamia de un cuño completamente nuevo, y nosotros fuimos los daños colaterales. Mi padre fue el primer yihadista islámico conocido en arrebatar una vida en suelo estadounidense. Y actuó con el apoyo de una célula terrorista radicada en el extranjero que terminaría denominándose Al-Qaeda.

Y su carrera como terrorista aún no había terminado.

A principios de 1993, desde su celda en la cárcel de Attica, mi padre ayudó a planear el primer atentado contra el World Trade Center con sus antiguos colaboradores de la mezquita de Jersey

City, entre ellos Omar Abdel-Rahman, a quienes los medios de comunicación apodaron «el Jeque ciego»* y que usaba fez y gafas de sol Wayfarer. El 26 de febrero de ese año un kuwaití de nacimiento llamado Ramzi Yousef y un jordano llamado Eyad Ismoil ejecutaron el plan, entrando en una furgoneta amarilla Ryder llena de explosivos en el garaje subterráneo del World Trade Center. Su macabra aspiración, y la de mi padre, era que una torre se desplomara sobre la otra y que el número de muertos fuera estratosférico. Tuvieron que conformarse con una explosión que abrió un agujero de treinta metros de ancho en cuatro plantas, las heridas de más de mil inocentes y la muerte de seis personas, una de ellas una mujer embarazada de siete meses.

Entre los intentos de mi madre por evitar que sus hijos tuvieran conocimiento de los espantosos actos de su padre y mi propia desesperación infantil por no saber, pasarían muchos años antes de que asimilara todo el horror del asesinato y los atentados. Y tardaría otros tantos en admitir lo furioso que estaba con mi padre por lo que le había hecho a mi familia. En ese momento era demasiado para poder asumirlo. En mi interior cargaba con el miedo, la ira y el odio hacia mí mismo, pero ni siquiera era capaz de empezar a tratarlos. Cumplí los diez años después del primer atentado contra el World Trade Center. Desde un punto de vista emocional, ya era como un ordenador apagado. Cuando cumplí los doce, había sufrido tanto acoso escolar que pensé en suicidarme. No fue hasta los veinticinco años cuando conocí a

---

* Aquí, y en lo sucesivo a lo largo del libro, jeque no tiene el sentido restringido que le atribuye el DRAE, y sí el más amplio que posee en árabe y que hace referencia a una persona respetada por su edad o sus conocimientos. *(N. del T.)*

una mujer llamada Sharon que me hizo sentir que valía algo y que mi historia también lo valía. Y esta es la historia de un niño adiestrado para odiar y de un hombre que escogió un camino diferente.

● ● ●

Me he pasado la vida intentando comprender que arrastró a mi padre al terrorismo, y luchar contra la conciencia de que su sangre corre por mis venas. Mi intención al contar mi historia es hacer algo esperanzador e instructivo: brindar el retrato de un joven que fue criado en las hogueras del fanatismo y que en su lugar optó por la no violencia. No puedo hacer grandes declaraciones, pero las vidas de todas las personas tienen objetivos, y el objetivo de la mía hasta este momento es el siguiente: todos podemos elegir. Incluso si has sido adiestrado para odiar, puedes optar por la tolerancia. Puedes decidirte por la empatía.

El hecho de que mi padre fuera encarcelado por un crimen incomprensible cuando yo tenía siete años simplemente me destrozó la vida. Pero también la hizo posible. Desde la cárcel no podía llenarme de odio. Y, aparte de eso, no podía evitar que entrara en contacto con la clase de personas que él satanizaba y descubriera que eran seres humanos, personas que podían importarme y a las que yo podía importar. La intolerancia no puede sobrevivir a la experiencia. Mi cuerpo la rechazaba.

La fe de mi madre en el islam nunca flaqueó a través de las tribulaciones sufridas por la familia, aunque ella, como la inmensa mayoría de los musulmanes, dista mucho de ser una fanática. Cuando cumplí los dieciocho años y por fin había visto un pedazo del mundo, le dije a mi madre que ya no podía seguir juzgando a las personas basándome en *lo que* fueran —musulmanas, judías, cristianas, homosexuales, heterosexuales— y que a partir de ese preciso instante solo iba a juzgarlas en función de quienes fueran. Ella me escuchó, asintió con la cabeza y tuvo la sensatez de pronunciar las ocho palabras que más me han empoderado: «Estoy tan cansada de odiar a la gente».

Tenía motivos sobrados para estar cansada. Nuestra andadura había sido más difícil para ella que para ningún otro. Durante algún tiempo, empezó a llevar no solo el *hiyab* que le ocultaba el pelo, sino también el velo llamado *nicab*, que lo cubre todo salvo los ojos: era una musulmana devota *y* tenía miedo a ser reconocida.

Hace poco le pregunté a mi madre si había sabido lo que le aguardaba a nuestra familia cuando salió de Bellevue con Ammu Ibrahim la mañana del 6 de noviembre de 1990. «No» —me dijo sin titubeos—. Pasé de ser una madre con una vida normal a la locura, a la vida pública, a evitar a los medios de comunicación, a tratar con las autoridades, a tratar con el FBI, a tratar con la policía, a tratar con los abogados, a tratar con los activistas islamistas. Fue como si cruzara una línea. Pasé por encima de ella y pasé de una vida a la otra. No tenía ni idea de lo difícil que sería.»

Mi padre está actualmente en la prisión estadounidense de Marion, Illinois, después de haber sido condenado a cadena perpetua sin posibilidad de obtener la libertad condicional durante quince años por, entre otras cosas, conspiración sediciosa, asesinato con pertenencia a asociación de malhechores, intento de asesinato de un agente del Servicio Postal, utilización de arma fuego en la comisión de un asesinato, utilización de arma de fuego en un intento de asesinato y tenencia ilícita de armas. Para ser sincero, sigo sintiendo *algo* por él, algo que no he sido capaz de erradicar, supongo que un hilo de compasión y culpa, aunque es tan fino como la seda de una araña. Me cuesta pensar que el hombre al que una vez llamé Baba vive en una celda, sabiendo que todos nos hemos cambiado de nombre a causa del pánico y la vergüenza.

Llevo veinte años sin ir a visitar a mi padre. Esta es la historia del porqué.

3 1981
Pittsburgh, Pensilvania

Algunos años antes de conocer a mi padre, mi madre se enamoró de un ateo.

Ella había sido criada por mi abuela, una cristiana devota y aún más devota fumadora, que la envió a un colegio católico y mantuvo a la familia trabajando en Bell Atlantic durante lustros. Mi madre jamás conoció a su padre porque este abandonó a su familia cuando era una niña.

Mi madre es una católica sincera, pero le gustan y admira tantas cosa del ateo que, pese a todo, se casa con él. La unión dura lo suficiente para dar el fruto de un vástago, mi hermana. Aunque, al final, mi madre se da cuenta de que no puede educar a una hija con un hombre que se burla de la religión.

El matrimonio se hunde. Y luego, inesperadamente, también la fe católica de mi madre. Ha acudido a un sacerdote —al que conoce desde la escuela primaria— en busca de consejo sobre algún problema puntual, y la conversación deriva hacia cuestiones teológicas. Mi madre cree en la Santísima Trinidad, aunque admite ante el cura que jamás ha comprendido realmente el dogma. El sacerdote empieza a explicárselo. Sin embargo, cuantas más preguntas le hace mi madre —cuanto más deseosa está de una aclaración—, más enrevesadas e insatisfactorias se hacen las respuestas. El sacerdote se pone nervioso, y luego se enfurece. Mi madre no había pretendido buscar polémica. Así que intenta apaciguar la situación. Demasiado tarde. «Si tienes que hacer todas estas preguntas —la increpa el hombre—, ¡entonces es que no tienes ninguna fe!»

Mi madre se queda estupefacta. «Me sentí como si me hubiera apuñalado en el corazón», me contará decenios más tarde. Su fe en Dios no flaquea, pero sabe, incluso cuando sale de la casa del párroco, que ya no es católica. Mi madre es todavía una veinteañera, ahora divorciada y estudiante de magisterio. Coge a su hija de dos años y acomete la empresa de buscar una nueva religión en la que derramar su fe, además de un nuevo marido.

A poco de iniciar su búsqueda, encuentra un libro sobre el islam en las estanterías de una biblioteca de Pittsburgh. Acude a una mezquita local, o *masjid*, con la intención de informarse, y allí conoce a estudiantes musulmanes llegados de todas partes: de Afganistán y Egipto, de Libia y Arabia Saudí. No tenía ni idea de lo acogedora que es aquella comunidad ni de la importancia que da a la familia. Los hombres, en concreto, no se parecen en nada al estereotipo musulmán de la masculinidad distante y fría, y le hacen cucamonas a mi hermana cuando empieza a deambular por allí con paso inseguro.

En 1982, hacia finales de mayo, mi madre está sentada en una sala de estudios de la última planta de la mezquita. Está a punto de convertirse al islam y ha estado practicando la Shahada: *No hay más dios que Dios, y Mahoma es su profeta*. La declaración de fe debe ser dicha con sinceridad; debe estar limpia de toda duda e irradiar solo amor y sumisión. En lo más profundo de su ser, como si fueran las interferencias de una emisora de radio, mi madre oye la voz de desaprobación de su propia madre que, consternada por el hecho de que su hija se haya sentido atraída por el islam, le ha dicho que jamás será bienvenida a su casa tocada con un condenado velo en la cabeza. Literalmente, ha utilizado las palabras: «¿Qué van a pensar los vecinos?»

Mi madre rechaza los sentimientos negativos. Su fe en el islam, la *necesidad* de sentirla, ya es fuerte y profunda. Repite la Shahada entre dientes una y otra vez, hasta que la oración refleja lo que siente de corazón: *No hay más dios que Dios, y Mahoma es su profeta. No hay más dios que Dios...*

Hani, un nuevo amigo de la *masjid*, la interrumpe. Hani ha estado ayudando a mi madre en su proceso de conversión al islam. Le dice que en ese momento se ha formado un grupo de oración de hombres en la mezquita, y que se sentirían muy honrados si ella recitara la Shahada delante de ellos y se convirtiera al islam en su presencia.

Mi madre ya está hecha un manojo de nervios, y la mera idea hace que se ponga roja como un tomate.

Hani se apresura a explicarse:

—No será tan espantoso, o no te lo pediría. Pero les gusta ver convertirse a la gente.

Se abstiene de añadir que ver*la* convertirse podría ser de especial interés.

—Sarah dice que se sentaría a tu lado —prosigue Hani—. Si eso te hace sentir más cómoda.

Mi madre consiente en contra de su buen juicio. Hani le dice que será un gran éxito, y ella le responde poniendo a prueba una de sus nuevas fórmulas en árabe: *Inshallah*, «Si es la voluntad de Alá». A Hani le encanta oírlo. Se dirige a la puerta con una sonrisa de oreja a oreja.

Una vez abajo, mi madre aprieta la mano de su amiga Sarah en busca de solidaridad, y luego —respirando profundamente como si fuera a zambullirse en el mar— entra en la mezquita. Convenientemente, a la luz del sol, la alfombra es del verde azulado de las olas. Las paredes están decoradas con un tupido dibujo estrellado en color rojo intenso y dorado. Los hombres del círculo de oración están sentados en la alfombra. Algunos van vestidos con ropa occidental normal: pantalones, incluso vaqueros y camisas con el cuello abotonado. Otros llevan largas camisas holgadas que les cuelgan por debajo y alrededor de las rodillas, y unos casquetes blancos bordados en azul y oro. Mi madre cae en la cuenta de que sabe el nombre de esa especie de gorro —*taqiyah*— y lo repite mentalmente para tranquilizarse. El círculo de oración enmudece. Todos se vuelven para ver acercarse a la mujer. Durante unos instantes de agonía, el único ruido que se oye es el susurro de mi madre y el roce de los calcetines de Sarah sobre la alfombra. *Taqiyah*, piensa mi madre. *Taqiyah, taqiyah, taqiyah.*

Recita la Shahada impecablemente con voz temblorosa. Solo entonces su cuerpo empieza por fin a relajarse. Su respiración vuelve a hacerse lenta y regular. Y, sin pensar en si es adecuado, mira de reojo a los hombres de la habitación. ¡Su primer acto como musulmana! Está un poco avergonzada, sí. *No obstante...* Uno de los hombres es bastante guapo: *parece un antiguo egipcio de un cuadro*, piensa. Se demora medio segundo demasiado largo en los relucientes ojos verdes de él.

Dos días más tarde, Hani le dice a mi madre que un hombre del círculo de oración está interesado en ella y le gustaría conocerla. En el islam no hay citas —*Cuando un hombre y una mujer están juntos a solas,* ha advertido el profeta, *la tercera persona entre ellos es Satán*—, así que eso solo puede querer decir que desea casarse con ella. ¡Casarse con ella! ¡Tras haberla oído pronunciar no más de una docena de palabras! Hani le asegura que el hombre es un amigo suyo. Se llama Sayyid Nosair. Es egipcio. ¿Podría ser que fuera el Hombre de los Ojos? Intenta quitarse esa idea de la cabeza.

Al cabo de una semana, mi madre conoce a Sayyid por primera vez en casa de una pareja libia que se llaman Omar y Rihan. Él ha estado actuando como su tutor porque mi madre no mantiene mucha relación con ninguno de sus progenitores. El hombre ya ha puesto en marcha la maquinaria matrimonial: se ha encontrado con Sayyid, ha hecho averiguaciones sobre él en la comunidad y se ha asegurado de que es un buen musulmán, que es activo en la *masjid* y que asiste a todas las oraciones que puede. Ahora Rihan está colocando una bandeja en la mesa de café del salón —zumo de hibisco, backlava, mantecados espolvoreados de azúcar y rellenos de dátiles— y Sayyid está llamando a la puerta.

Omar va a abrir, y Rihan sale corriendo para echarle un vistazo al visitante. Mi madre está sentada en el sofá hecha un manojo de nervios. Oye a Omar y Sayyid ofrecerse la paz mutuamente: su tutor diciendo: «*Asalaam alaykum*», su pretendiente respondiendo con más generosidad de la necesaria, «*Wa alaykum assalam wa rahmatu Allah*». Está intentando causar una buena impresión, piensa mi madre. Ríe para sus adentros, recordando un pasaje del Corán que tiene fresco en la memoria: *Cuando se te de la bienvenida, respóndela con un saludo aún mejor o (al menos) con su equivalente. Alá tiene en cuenta todas estas cosas.*

Rihan vuelve a entrar corriendo en el salón delante de los hombres —está más nerviosa que mi madre— y arregla las pastas. «Vaya si es *guapo* —susurra—. ¡Y menudos ojos verdes!»

A los dos minutos de sentarse con mi madre, mi padre dice tímidamente:

—Supongo que sabes que estoy aquí para hablar de matrimonio.

En Egipto, mi padre estudió ingeniería y diseño industrial, y se especializó en metalurgia. Es una persona creativa. Es capaz de diseñar un barco con la misma facilidad que un collar. Aunque lleva menos de un año en Estados Unidos, ha encontrado trabajo en una joyería, donde —algunos días después de conocer a mi madre— diseña y funde un anillo de compromiso. No repara en gastos. El anillo es precioso, y pesa mucho. Cuando mi madre lo ve, abre los ojos como platos.

● ● ●

Mis padres se casaron el 5 de junio de 1982, diez días después de encontrarse por primera vez. Un noviazgo tan corto parece un mal presagio, lo sé, como el preludio de lo que solo podría ser una tragedia. La rutina de sexo, amor y matrimonio —que generalmente llegan por ese orden— del mundo occidental ha aportado su cuota de tristeza y divorcios. ¿No sería posible que alguna otra serie de rituales y expectativas, cualquier otra, pudiera funcionar? Mi madre y mi padre son felices durante algún tiempo. Verdaderamente felices. Mi madre ha encontrado a un hombre que puede enseñarle árabe y ayudarla a profundizar en su conocimiento del islam. Un hombre devoto. Un hombre cariñoso. Un hombre que quiso a mi hermana en cuanto la vio, que se tiró al suelo para jugar con ella nada más conocerse. Mi padre está llamativa y penosamente delgado porque ha estado viviendo en una pensión donde no se le permitía cocinar. Su inglés es ya casi perfecto, si bien un tanto engolado. Tiene un dejo de acento árabe. De vez en cuando dice algo inapropiado, aunque el efecto suele ser gracioso. Le encantan los espagueti con albóndigas, aunque los llama «espagueti con alhóndigas»; cuando lo oye, mi madre no puede evitar echarse a reír. Mi padre no se ofende. «Eres mi amorcito —le dice—. Es lógico que debas corregirme.»

En julio, mi padre instala a su nueva familia en un piso de la parte de Oakland de Pittsburgh. Por primera vez en años mi madre está exultante. El barrio bulle de actividad cultural y está lleno de estudiantes como ella. Rihan y Omar viven cerca. La *masjid* está solo a un par de manzanas. Mi madre y mi padre salen a comprar comida y adornos para la casa cogidos del brazo. Ella le pregunta qué cosas le gustan. «Me gusta todo lo que te guste a ti —le responde él—. Eres la reina de nuestro hogar, y quiero que lo dispongas todo a tu gusto. Si eres feliz con todo lo que escojas, a mí también me gustará.»

Yo nazco en marzo de 1983, y mi hermano, un año después. Cuando tengo tres, Baba me lleva al Parque de Atracciones de Kennywood. En la Dinamo Atolondrada damos vueltas montados en unas tazas gigantes. Y en el Gran Tiovivo nos montamos en unos caballos de colores; mi padre escoge un semental dorado que se desliza arriba y abajo, mientras yo me aferro al cuello de un poni marrón fijo. Ese mismo día, más tarde, en una montaña rusa en miniatura, llamada el Pequeño Fantasma, mi padre finge estar aterrorizado —«¡Oh, Alá, protégeme y llévame a mi destino!»— para distraerme del hecho de que yo sí estoy realmente aterrorizado. Siempre recordaré ese día. Es mi primer recuerdo. Ni siquiera las futuras pesadillas lo borrarán.

● ● ●

Mi padre no se vuelve contra Estados Unidos Unidos de la noche a la mañana. Su rencor crece lentamente, engatusado por encuentros fortuitos con la maldad y la desgracia. En la mezquita, mi madre empieza a ayudar a Rihan con la *da'wa*, la campaña para atraer nuevos conversos a la fe. No van de puerta en puerta ni hacen proselitismo en la calle; se reúnen con los visitantes de la *masjid*, los instruyen sobre el islam y responden a la clase de preguntas que mi propia madre hizo en otro tiempo. Muchos de los visitantes son mujeres jóvenes estadounidenses. Muchachas, en realidad. Algunas acuden a la mezquita no porque estén en una búsqueda espiritual, sino porque se han enamorado de un musulmán. Sin embargo, hay suficientes aspirantes curiosas que acuden a las puertas de la mezquita —y que finalmente se convierten— para hacer que el trabajo de mi madre con Rihan sea gratificante. A veces, si las mujeres no tienen donde quedarse, mi familia les ofrece una cama.

Lo cual resulta ser un error. En el otoño de 1985 mi familia acoge en nuestro hogar a una joven llamada Barbara. (Le he cambiado el nombre puesto que ella no está aquí para dar su versión de lo que sigue.) Barbara es una chica taciturna e imprevisible, y no mira nunca a los ojos. Se queda con nosotros varios meses. No parece estar verdaderamente interesada en el islam. Su hermana está estudiando la religión para hacer feliz a su novio, y Barbara tan solo la acompaña. La chica irradia una energía tan incómoda que incluso resulta difícil permanecer sentado con ella en la misma habitación.

Pronto empieza a frecuentar lo que mis padres le advierten es una «pandilla de musulmanes realmente malos» de otro barrio. Mi madre intenta casarla dos veces, y es rechazada otras tantas después de un único encuentro. Su autoestima se hunde. Empieza a sentarse en la bañera, completamente vestida, a llorar en mitad de la noche. Nos acusa, a todos, de robarle la ropa de su habitación, una ropa que ningún musulmán se pondría, y menos que nadie un niño. Mi padre insiste en que se vaya de su casa. Y Barbara se va. Pero menos de una semana más tarde —según parece, siguiendo el consejo de sus nuevos amigos musulmanes, que piensan que ella podría sacarle algún dinero a mi familia—, acusa a mi padre de haberla violado.

A la sazón, un violador anda suelto en Pittsburgh. Algunas de sus víctimas lo han descrito como «hispano o de Oriente Próximo». La policía se toma la acusación de Barbara completamente en serio. Para cuando un abogado amigo de la familia logra convencerles de que la chica se ha inventado la historia, mi padre está abatido por el miedo y la humillación. Ha dejado de acostarse con mi madre por las noches. Ha colocado su alfombra de oraciones junto al radiador del salón y se tumba hecho un ovillo encima de ella. Ha dejado de comer. Todo lo que hace es dormir y rezar pidiendo protección. Y los miembros de la mezquita no saben a quién creer —hasta donde mi madre puede decir, parecen estar divididos a partes iguales—, lo cual aumenta el dolor de mi padre hasta que es como un tumor que crece en su estómago. En la *masjid* se celebra una audiencia.

Los miembros del consejo están alarmados por la disensión causada en su seno y quieren solucionar el asunto por sí mismos. De todas formas, no confían en el sistema judicial estadounidense.

Años más tarde, mi madre me describirá la escena vivida en la mezquita: Barbara llega con su hermana, el novio de su hermana y el fluctuante grupo de amigos musulmanes. La crispación es lo bastante acusada como para que estalle una pelea. Mi padre está sentado en silencio, la cabeza baja, apretándose las rodillas con las manos. Barbara repite sus acusaciones: mi padre la violó y mi familia le robó la ropa, y exige una reparación. A mi madre se le parte el alma por su marido. ¡Que se cuestione su devoción a Alá en su propia mezquita!

Un miembro del consejo le pide a Barbara que describa el cuerpo de mi padre.

—Es peludo —dice ella—. Tiene el pecho peludo. Y la espalda peluda. Peludo.

Mi madre estalla en una carcajada.

Mi padre se levanta de un salto, y se dirige al consejo:

—¿Quieren que me quite la camisa *ahora mismo* para que puedan comprobar lo mentirosa que es esta mujer?

El destino quiso que su cuerpo no se ajustase al estereotipo del hombre de Oriente Próximo.

Le dicen a mi padre que no será necesario que se desnude. Los miembros del consejo están convencidos de su inocencia. Para solventar la cuestión, entregan a Barbara 150 dólares por la ropa que insiste le fue sustraída. Parece satisfecha. Ella y su séquito abandonan la mezquita con arrogancia. Como si su falta de respeto por el islam no estuviera suficientemente clara, ha llevado puestos los zapatos en el interior de la mezquita en todo momento.

● ● ●

Mis padres intentan rehacer sus vidas en Pittsburgh, pero los trozos no volverán a unirse de nuevo. Para mi padre la humillación ha sido excesiva. La tristeza y el agotamiento se palpan en el aire. Mi madre está demasiado asustada para seguir con su tarea de divulgación. Mi padre no es capaz de mirar a la cara a sus amigos de la *masjid*. Ni a nadie más, en realidad. Trabaja. Cada vez está más delgado. El único recuerdo que guardo de él de esta época es el de verle arrodillado en su alfombra de oraciones en el salón, doblado por la cintura rezando o a causa del dolor, o por ambas cosas a la vez.

4 1986
Jersey City, Nueva Jersey

En julio nos vamos de Pittsburgh, y —durante un tiempo—
nuestras vidas vuelven a estar llenas de luz. Mi madre da clases
de primaria en un colegio islámico de Jersey City. Mi padre ya
no puede encontrar trabajo como joyero, pero consigue un
empleo en una empresa que instala iluminaciones teatrales y
engorda plácidamente gracias a las comidas de mi madre. La
pareja cada vez está más unida.

La comunidad egipcia de la ciudad es una maravilla: hay tiendas árabes por todas partes, y hombres ataviados con túnicas y
mujeres con *hiyab* recorren en masa las calles. Nuestra nueva
mezquita, Masjid Al-Shams, no tiene todas las actividades para
las mujeres y las familias a las que mi madre está acostumbrada,
pero acudimos regularmente para los rezos. (He cambiado el
nombre de la mezquita por respeto a su actual congregación.)
Después del trabajo, mi padre se viene de pícnic con nosotros al
parque. Juega al béisbol y al fútbol conmigo en el césped, o al
menos a una versión de preescolar de ambos deportes. Una
auténtica calma llega a la familia.

Y entonces, un día, el director del colegio donde mi madre da
clases la llama a su despacho y le dice que no pasa nada, que no
se preocupe, que todo va a salir bien, pero que acaba de recibir
una llamada: mi padre ha tenido un accidente en el trabajo. Está
en el Hospital de San Vicente de Nueva York.

Baba ha recibido una descarga eléctrica. Se recuperará, pero la descarga fue lo bastante fuerte para quemarle la mano con la que estaba sujetando un destornillador, arrojarle de la escalera y dejarlo inconsciente. Tiene que pasar por el quirófano. Le extirpan laboriosamente la piel muerta y le hacen un injerto en la mano con la piel del muslo. Le enseñan a hacerse las curas de las quemaduras y lo envían de vuelta a casa a recuperarse con analgésicos, además de una receta para un potente e impredecible antidepresivo. No puede trabajar. Ser capaz de mantener a su familia siempre ha sido algo fundamental para él, como hombre y como musulmán.

Aunque la familia puede arreglarse con el sueldo de mi madre y los vales de comida, la deshonra se extiende por el cuerpo de mi padre como una gota de tinte rojo en el agua. Mi madre se da cuenta de su sufrimiento, pero Baba es inasequible para ella. En muchos aspectos, su conducta es una copia de la manera en que actuó durante la acusación de violación. Aunque, en esta ocasión, mi padre no solo reza obsesivamente, sino que lee con atención y sin parar el Corán. Incluso cuando puede volver a trabajar —consigue el empleo de mantenimiento de la calefacción y el aire acondicionado en los juzgados de Manhattan— está más ensimismado que nunca. Va a la Masjid Al-Shams constantemente, a rezar y a escuchar las lecturas, y acude a unas misteriosas reuniones. Al principio, la mezquita parecía moderada, pero se ha convertido en una de las más fundamentalistas de la ciudad, lo que explica que mi madre no se sienta especialmente bien acogida allí en su condición de mujer, y que se respire una ira en el ambiente que nunca hemos sentido antes. También explica la razón de que mi padre sea cada vez manifiestamente menos tolerante con los no musulmanes. Mi madre nos lleva a mi hermana, mi hermano y a mí a las actividades familiares del Centro Islámico que hay encima del colegio de mi hermana, pero Baba no nos acompaña: de buenas a primeras, no le gusta el imán que hay allí. En casa sigue teniendo momentos de afecto con nosotros los niños, pero cada vez es mayor el número de veces en que más que mirarnos, nos mira sin vernos, cuando no es más que una figura que pasa por nuestro lado rozándonos, aferrando un ejemplar del Corán. Un día le pregunto inocentemente cuándo se ha vuelto un musulmán tan devoto y, con una dureza desconocida en la voz, me dice: «Cuando llegué a este país y vi todo lo que tiene de malo».

Según se dice, muchos años después los agentes del FBI pusieron a la Masjid Al-Shams el escalofriante apodo de la «oficina de la yihad en Jersey».

● ● ●

A finales de la década de 1980 los ojos de los musulmanes de todo el mundo están puestos en Afganistán. La Unión Soviética y Estados Unidos llevan utilizando ese país como un tablero de juegos de la guerra fría desde hace casi un decenio. En 1979 el gobierno comunista de Afganistán pide al ejército soviético que le ayude a combatir a los rebeldes muyahidines (una resistencia integrada por diversos grupos opositores afganos vagamente alineados). En reacción a eso, una alianza liderada por Estados Unidos y Arabia Saudí empieza a canalizar miles de millones de dólares en dinero y armamento hacia los propios rebeldes. La violencia es de tal magnitud que un tercio de la población afgana ha huido, en su mayor parte a Pakistán.

La mezquita de mi padre no es más que un desconchado manchón gris en la tercera planta de un edificio comercial, que en las plantas inferiores tiene por vecinos un restaurante chino de comida para llevar y un almacén de joyería. Sin embargo, la Masjid Al-Shams atrae a jeques y eruditos de todo el mundo que exhortan a Baba y sus amigos a acudir en ayuda de sus hermanos rebeldes. Para mi padre y otros miembros marginados y en dificultades de la mezquita, el sentido de propósito resulta embriagador. A mi padre le encanta uno de los oradores en particular: un agitador suní de Palestina de nombre Abdullah Yusuf Azzam.

Azzam está de gira por Estados Unidos para recaudar fondos, movilizando a las audiencias con un duro grito de guerra: «La yihad y el rifle únicamente: ni negociaciones, ni conferencias, ni diálogos». Ya ha adoctrinado a un joven estudiante de económicas de Arabia Saudí, Osama bin Laden, y le ha convencido de que ponga a disposición de la yihad los contactos de su familia (y la chequera familiar), para apoyar la lucha contra los rusos. «Continuaremos con la yihad con independencia de lo largo que sea el camino —promete Azzam a los musulmanes estadounidenses que acuden en masa a sus charlas— hasta el último aliento y el último latido.» Los alienta con historias del campo de batalla que se desvían hacia el realismo mágico: historias de muyahidines cuyos cuerpos son invulnerables a las balas soviéticas, que en el combate son acompañados por ángeles a lomos de caballos y a los que escuadrillas de pájaros protegen de las bombas de los aviones.

Mi padre conoce a Azzam en la mezquita y vuelve a casa transformado. Durante toda su vida el mundo ha actuado sobre *él*; por fin tiene aquí *su* oportunidad de actuar por sí mismo y de hacer una demostración clara e irrefutable de su devoción a Alá. Él y los hombres de la mezquita empiezan a reunirse en nuestra casa, hablando a gritos y de manera exaltada de apoyar a la yihad en Afganistán. Luego abren una tienda en el piso de abajo de la *masjid*, donde venden textos religiosos, pósteres y casetes para recaudar dinero. Es un sitio oscuro y sin ventanas. Hay libros por todas partes. Las paredes están cubiertas con las enseñanzas del Corán, unos grandes caracteres escritos de un plumazo con purpurina. Baba nos lleva a mi hermano y a mí allí sin cesar, y echamos una mano. No tenemos ni la menor idea de lo que está pasando, pero no hay duda de que mi padre vuelve a estar *vivo*.

A mi madre le parece bien la yihad afgana… hasta cierto punto. Ella es tan devota musulmana como patriota estadounidense, y aunque tales identificaciones están a menudo en contradicción, la alianza entre los rebeldes musulmanes y los estadounidenses en Afganistán es uno de esos raros casos en los que sus líderes religiosos y políticos están de acuerdo en algo. Pero mi padre está avanzando demasiado deprisa. Ahora tiene línea directa con Azzam, a quien idolatra. Él y los hombres de la mezquita salen de acampada para practicar técnicas de supervivencia. Y viajan hasta el Campo de Tiro de Calverton, en Long Island, para realizar prácticas de tiro. Cuando el jefe de la mezquita manifiesta su preocupación por la radicalización del centro, lo destituyen. Probablemente huelgue decir que mi padre ya no tiene tiempo para mi madre ni para nosotros los niños, pero es lo que hay. Cuando nos acompaña mi primer día en el nuevo colegio, mi madre se queda impresionada. No mucho tiempo atrás su familia era para él su preocupación constante; ahora competimos por su atención con los musulmanes de todo el mundo.

El punto de inflexión se produce cuando mi padre le dice a mi madre que ya no quiere apoyar la yihad a distancia: desea ir a Afganistán y empuñar las armas. Mi madre está aterrorizada. Le suplica que lo reconsidere. Él no lo hará. Y aún hay más: mi padre insiste en que mi madre se traslade a Egipto con nosotros para que vivamos con mi abuelo mientras se une a los muyahidines. Por suerte, mi abuelo se queda consternado al oír el plan. Cree que el sitio de mi padre está con su esposa y sus hijos, y rechaza la propuesta. Llega incluso a decirle a mi padre que, si efectivamente nos trasladamos a Egipto, nos repudiará y verá cómo nos morimos de hambre.

Mi padre no tiene mucho tiempo para lamentar la muerte de sus sueños. En 1989 alguien (nunca se aclarará quién) intenta asesinar a Azzam llenando de explosivos su púlpito en Peshawar, Pakistán. La bomba no explota. Sin embargo, el 24 de noviembre de ese mismo año Azzam y dos de sus hijos viajan en un Jeep camino de las oraciones del viernes cuando un asesino detona una bomba enterrada en la carretera. Los tres son asesinados. Es difícil expresar el efecto que tiene la noticia en mi padre. Al echar la vista atrás veinte años después, mi madre señalará el asesinato de Azzam como el momento en que ella perdió a su marido para siempre.

En 1989 los soviéticos renuncian a Afganistán y se retiran. Estados Unidos, no jugándose ya nada en la región, también se esfuma. Con la población, la economía y las infraestructuras devastadas, Afganistán se convierte en un país de viudas y huérfanos. Los yihadistas como mi padre desean crear el primer estado verdaderamente musulmán del mundo, un país regido por la ley islámica, conocida como sharia. En 1990 uno de los aliados

de Osama bin Laden, el jeque ciego egipcio Omar Abdel-Rahman, viaja a Estados Unidos para movilizar a los fieles para una
yihad verdaderamente mundial que no solo reclama Afganistán,
sino también poner fin, por todos los medios necesarios, a la
tiranía de Israel sobre Palestina, que consideran auspiciada por
Estados Unidos. El Jeque ciego figura en la lista de los terroristas
más buscados de la Secretaría de Estado, y con toda razón: ha
estado encarcelado en Oriente Próximo por dictar la fetua
[sentencia] que condujo al asesinato del presidente egipcio
Anwar Sadat. Pese a todo, Rahman consigue agenciarse un
visado de turista. Cuando el Departamento de Estado lo revoca,
el Jeque ciego convence a la sucursal del Servicio de Inmigración
y Naturalización en Nueva Jersey para que le conceda un permiso
de residencia. Por lo que se ve, las agencias estatales no parecen
ponerse de acuerdo en la manera de tratar a un terrorista internacional que solo fue nuestro aliado contra los rusos.

Por esta época nos mudamos de Jersey City a Cliffside Park
gracias a la insistencia de mi madre. Se trata de un exuberante
barrio residencial —acaba de adquirir notoriedad como la residencia de Tom Hanks en *Big*— y mi madre confía en que la
distancia rompa los lazos entre mi padre y los radicales de la Masjid
Al-Shams. La realidad es que no cambia nada. Cada mañana le
echa un rapapolvo a mi madre citando pasajes del Corán y de las
enseñanzas de Mahoma en los hadices. El islam dice *esto*, mujer,
el islam dice *aquello*. Mi padre se ha convertido en un extraño
para ella. Todas las noches, después del trabajo, recorre en coche
un largo trayecto de vuelta a nuestra antigua mezquita o a una
nueva, en Brooklyn, donde el Jeque ciego también está atrayendo
a los fieles. La obsesión de mi padre con la tragedia de los musul-

manes en Palestina se agudiza, igual que su repugnancia por el apoyo de Estados Unidos a Israel. Como es natural, no está solo en esto. Durante toda mi vida —en mezquitas, salas de estar y actos benéficos con destino a Hamás— se me ha dicho que Israel es el enemigo del islam. Pero ahora las palabras parecen haberse endurecido. A mi madre le preocupa que alguna especie de desastre se esté dirigiendo hacia nosotros. Sigue adelante con lo que más tarde llamará el «piloto automático», dedicándose a nosotros, sus hijos, y tratando exclusivamente de cruzar el oscuro túnel que es cada día.

Mi padre me lleva a oír hablar al Jeque ciego muchas veces. No entiendo lo suficiente el árabe para pillar más que unas cuantas palabras sueltas, pero la ferocidad de ese hombre me aterroriza. Cuando mi padre me acompaña a estrecharle la mano a Rahman después del sermón, me limito a inclinar la cabeza tímidamente. Luego cubren el suelo de la mezquita con unos plásticos y los hombres traen el *fatteh* —pita tostada y arroz cubierto con sopa de cordero— para comer. Durante una hora, las voces de los padres y los hijos son como el canto de los pájaros en el aire, todo parece acogedor y normal de nuevo, y comemos.

Mi padre intima cada vez más con el Jeque ciego. Sin que lo sepamos, este parece apremiarlo para que se haga un nombre dentro del movimiento. Mi padre considera el asesinato del futuro primer ministro de Israel, Ariel Sharon, y llega incluso a vigilar el hotel en el que se aloja. Al final renuncia al plan, pero para un fundamentalista que cree ser un instrumento viviente de la justa ira de Alá, los objetivos potenciales están por todas partes. No pasa mucho tiempo antes de que descubra lo que cree que es su verdadero llamamiento: debe asesinar al rabino Kahane.

● ● ●

Es uno de los últimos recuerdos que tengo de mi padre como hombre libre: es un sábado por la mañana en Jersey City. Estamos a finales del verano. Baba nos despierta a mi hermano y a mí temprano —nos hemos vuelto a quedar dormidos después de los rezos previos a la salida del sol— y nos dice que nos preparemos para una aventura. Nos vestimos y le seguimos cayéndonos de sueño hasta el coche. Conducimos, conducimos y conducimos: salimos de nuestra verde zona residencial, cruzamos el tenso y congestionado Bronx y seguimos hacia Long Island. Transcurren dos horas, que a mi hermano y mí se nos antojan cuatro. Por fin llegamos hasta una gran señal azul: CAMPO DE TIRO DE CALVERTON.

Paramos en un aparcamiento de arena y vemos que Ammu Ibrahim nos está esperando, junto con otro coche lleno de amigos de mi padre. Mi tío está apoyado en su turismo mientras sus hijos corren por allí pateando alegremente la arena. Llevamos unas camisetas que muestran el mapa de Afganistán y un eslogan: AYUDAOS LOS UNOS A LOS OTROS CON BONDAD Y DEVOCIÓN. Los hombres se desean mutuamente la paz, y entonces uno de los amigos de mi padre abre el maletero de su coche, que está lleno de pistolas y fusiles AK-47.

Los blancos —unas siluetas de hombres sin rostro— están delante de unos terraplenes inclinados. Encima de cada uno hay una luz amarilla intermitente, y en lo alto de las colinas que hay detrás crecen unos pinos formando un círculo. De vez en cuando sale corriendo de allí un conejo que, asustado por el ruido de los disparos, vuelve a meterse a toda prisa.

Baba y Ammu disparan primero, y luego nosotros, los niños. Hacemos turnos durante un rato. No tenía ni idea de que mi padre se hubiera convertido en tan buen tirador. En cuanto a mí, el rifle pesa mucho para mis brazos, y ni de lejos tengo tan buena puntería como mis primos, que se burlan cada vez que no doy en el blanco y disparo al terraplén, donde la bala levanta una pequeña salpicadura de arena.

Un cielo de nubes bajas que se deslizan sobre el campo de tiro proyectan sombras sobre todos nosotros. Empieza a caer una tímida lluvia. Estamos a punto de recoger cuando, en mi último turno, sucede algo extraño: accidentalmente alcanzo la luz situada en lo alto del blanco, y se hace añicos —en realidad, explota— y le prende fuego a la silueta del hombre.

Me vuelvo hacia Baba con todo el cuerpo en tensión, temiendo haber hecho algo malo.

Curiosamente, me sonríe abiertamente y asiente con la cabeza con aprobación.

A su lado, Ammu se echa a reír. Él y mi padre están muy unidos. Tiene que saber que mi padre está planeando matar a Kahane.

—*Ibn abu* —dice mi tío con una sonrisa de oreja a oreja.

La insinuación contenida en las palabras de Ammu me preocupa durante años, hasta que me doy cuenta de que mi tío está completamente equivocado respecto a mí.

«*Ibn abu.*»

De tal palo, tal astilla.

5 Enero de 1991
Centro penitenciario de la isla de Rikers, Nueva York

Esperamos una eternidad a que llegue la furgoneta. Estamos en el inmenso aparcamiento —el mayor aparcamiento que haya visto nunca— y el mundo es frío y gris, y no hay nada que hacer, nada que mirar, nada salvo una furgoneta plateada de comida ambulante envuelta en la niebla. Mi madre nos da a los niños cinco dólares y nos acercamos sin mucha determinación para echarle un vistazo. La camioneta vende, entre otras cosas, *knish*. Nunca he oído hablar de las *knish* —parece algo inventado por el doctor Seuss—, pero la palabra es tan chula y rara que compro una. Resulta ser una cosa frita rellena de patata. Cuando sea mayor, descubriré que los *knish* son unas empanadillas judías, y recordaré haber untado una de mostaza y devorarla camino de la isla de Rikers, donde mi padre estaba en espera de ser juzgado por asesinar de un disparo en el cuello a uno de los rabinos más destacados y conflictivos del mundo.

Cuando llegamos a Rikers, nos unimos a una larga, sinuosa y bulliciosa cola de visitantes, la mayoría mujeres y niños. Me doy cuenta de lo mucho que le duele a mi madre tener que traer aquí a sus hijos. Nos mantiene bien pegados a ella. Nos ha dicho que Baba ha sido acusado de asesinar a un rabino judío, pero se apresura a añadir que solo el propio Baba puede decirnos si eso es verdad.

Iniciamos la travesía de los controles de seguridad. Los puntos de control parecen no tener fin. En uno de ellos, un guardia se pone un guante de goma y le hurga en la boca a mi madre. En otro, todos somos registrados y cacheados de arriba abajo, una simple cuestión para mi hermano y para mí, pero complicada para las mujeres y niñas musulmanas que llevan el *hiyab* y tienen prohibido quitárselo en público. Mi madre y mi hermana son conducidas a unas habitaciones privadas por unas funcionarias de prisiones. Durante media hora, mi hermano y yo permanecemos sentados solos, balanceando las piernas y fracasando estrepitosamente en nuestro intento de parecer valientes. Por fin nos reunimos todos y nos conducen por un pasillo de cemento hacia la sala de visitas. Entonces, inesperadamente, por primera vez desde hace meses, tenemos a Baba justo delante de nosotros.

Va vestido con un mono naranja. Tiene un ojo terriblemente enrojecido. Mi padre, que a la sazón cuenta treinta seis años, tiene pinta de demacrado y agotado y no parece del todo él. Aunque, al vernos, sus ojos resplandecen de amor. Echamos a correr hacia él.

Después de un barullo de besos y abrazos —después de que nos haya rodeado a los cuatro entre sus brazos como si fuéramos un paquete gigante—, mi padre nos asegura que es inocente. Había querido hablar con Kahane, hablarle del islam, para convencerle de que los musulmanes no eran sus enemigos. Nos promete que no tenía ningún arma, y que no es un asesino. Aunque antes de que haya terminado de hablar, mi madre está sollozando. «Lo sabía —dice ella—. En el fondo de mi corazón lo sabía, lo sabía, lo sabía, lo sabía.»

Mi padre habla con mi hermana, mi hermano y conmigo de uno en uno. Nos hace las mismas dos preguntas que nos hará durante años siempre que le veamos o nos escriba: *¿Rezas tus oraciones? ¿Te portas bien con tu madre?*

—Seguimos siendo una familia, Z —me dice—. Y yo sigo siendo tu padre. Da igual donde esté. Con independencia de lo que la gente pueda decir de mí. ¿Lo entiendes?

—Sí, Baba.

—Todavía no me has mirado, Z. Déjame ver esos ojos que yo te di, por favor.

—Sí, Baba.

—¡Ah, pero mis ojos son verdes! Tus ojos… son verdes, y luego azules, y más tarde morados. ¡Tienes que decidir de qué color son tus ojos, Z!

—Lo haré, Baba.

—Muy bien. Ahora ve a jugar con tu hermano y tu hermana porque (aquí mi padre se vuelve hacia mi madre y le sonríe cordialmente) tengo que hablar con mi reina.

Me dejo caer al suelo y saco algunos juegos de mi mochila: Cuatro en raya y Serpientes y escaleras. Mi madre y mi padre se sientan a la mesa, sujetándose las manos con fuerza y hablando en un tono de voz bajo que creen que no podemos oír. Mi madre está aparentando ser más fuerte de lo que es. Le está diciendo que está bien, que puede arreglárselas con los niños en su ausencia; que solo está preocupada por él. Lleva tanto tiempo guardándose las preguntas que salen todas en cascada: *¿Estás a salvo, Sayyid? ¿Te dan suficiente comida? ¿Hay más musulmanes aquí? ¿Te dejan rezar los guardias? ¿Qué te puedo traer? ¿Qué te puedo decir, Sayyid, aparte de que te quiero, te quiero, y te quiero?*

• • •

No hemos regresado a nuestro piso de Cliffside Park desde el tiroteo, tal como se había temido mi madre que sucedería cuando extendió la sábana blanca sobre el suelo y me dijo que la llenara. Estamos viviendo en casa del tío Ibrahim en Brooklyn temporalmente —tres adultos y seis niños en un apartamento de una habitación— e intentando edificar una nueva normalidad ladrillo a ladrillo.

La policía de Nueva York irrumpió en nuestra casa pocas horas después de que la abandonáramos. Pasarán años hasta que sea lo bastante mayor para interpretar los detalles, y entonces sabré que mi padre estaba mintiendo cuando nos contó que no era un asesino. La policía se llevó cuarenta y siete cajas de material sospechoso que sugerían una conspiración internacional: instrucciones para la fabricación de bombas, una lista negra de potenciales objetivos judíos y referencias a un ataque contra «los edificios más altos del mundo». Pero la mayoría del material está en árabe y las autoridades desechan algunas de las notas considerándolas «poesía islámica». Nadie se molestará en traducir la mayor parte de ellas hasta después del primer ataque contra el World Trade Center, acaecido menos de tres años después. (Casi en la misma época, los agentes federales detendrán a mi tío Ibrahim y, mientras registran su apartamento, encuentran unos pasaportes nicaragüenses falsos con los nombres de mi familia. Según parece, si el plan de mi padre de asesinar a Kahane hubiera acabado sin complicaciones, me habría criado en América Central con un nombre español.) Las autoridades no solo hacen caso omiso de las cuarenta y siete cajas encontradas en nuestra casa; el FBI también tiene las imágenes de una cámara de seguridad con mi padre y los demás entrenando en el Campo de Tiro de Calverton, pero nadie ha atado cabos. El jefe de detectives del Departamento de Policía de Nueva York insiste en que mi padre era un pistolero solitario. La idea es absurda, como el periodista de investigación Peter Lance y el propio gobierno estadounidense demostrarán mucho tiempo después del hecho.

Durante años, menudearán las teorías de que mi padre entró en el Marriott con al menos un cómplice —y posiblemente dos—, aunque nadie más será acusado. Mi padre iba tocado con una kipá para pasar desapercibido entre la multitud mayoritariamente ortodoxa. Se acercó a la tribuna donde Kahane estaba declamando con su furia característica sobre la amenaza árabe. Mi padre se detuvo, y entonces dijo en voz alta: «¡Este es el momento!» Acto seguido disparó al rabino y salió corriendo del salón de baile. Uno de los seguidores de Kahane, un anciano de setenta y tres años, intentó interceptarle; mi padre disparó al hombre en la pierna y prosiguió su huida hacia la calle. Según los informes, se suponía que su amigo Red, el taxista al que llamaría mi madre esa noche, estaría esperando en el exterior del Marriott en su taxi. Sin embargo, presuntamente un portero le había dicho que no podía permanecer estacionado allí. Así que mi padre se subió al taxi equivocado. Después de que este hubiera recorrido una manzana, otro de los seguidores de Kahane se plantó delante del vehículo para impedir la huida de mi padre. Este le puso la pistola en la cabeza al taxista, que saltó del coche. Entonces mi padre también abandonó precipitadamente el vehículo. Echó a correr por Lexington, intercambiando disparos con el policía del Servicio Postal, que llevaba un chaleco antibalas, y cayó abatido en la calle. Según algunas teorías, los cómplices de mi padre habrían huido en el metro.

La historia demostrará que mi padre no actuó solo. Pero estamos en 1990, y el Departamento de Policía de Nueva York todavía no es capaz de comprender el concepto de una célula terrorista mundial —en la práctica, nadie lo es— y no tiene ningún interés en intentar perseguir a ninguna.

● ● ●

Tampoco hemos vuelto a nuestro antiguo colegio de Cliffside Park. Los medios de comunicación cayeron sobre el centro a la mañana siguiente del asesinato, y ya no nos sentimos seguros ni bienvenidos allí. Sabiendo que no tenemos adonde ir, Al-Ghalazy, el colegio islámico de Jersey City, nos ha ofrecido a todos una beca. Resulta que el eslogan de la camiseta de Ammu Ibrahim —AYUDAOS LOS UNOS A LOS OTROS CON BONDAD Y DEVOCIÓN— tal vez sea una llamada a la generosidad y no solo a la violencia.

Mi madre acepta agradecida las becas y nos volvemos a trasladar a Jersey City. Lo único que podemos permitirnos es una vivienda en un sector degradado de Reservoir Avenue. Mi madre le pide al casero que coloque unos barrotes en las ventanas, aunque eso no impedirá que los borrachos nos acosen a mi hermana, a mi hermano y a mí cuando jugamos en la calle. Nos volvemos a trasladar, en esta ocasión a un sitio igual de sospechoso de Saint Paul Avenue. Un día, cuando mi madre sale para recogernos del colegio, alguien entra en casa, roba todo lo que puede llevarse y deja un cuchillo sobre el teclado del ordenador. En el ínterin, regresamos al colegio. Estoy en primer grado. Estamos a mitad de curso, el peor momento posible para cambiar aunque *no fuera* un niño tímido y mi familia *no estuviera* estigmatizada.

Mi primera mañana en Al-Ghazaly, me acerco con cautela a las puertas del aula. Son arqueadas y enormes; es como si estuviera entrando en la boca de una ballena. El aula es un hervidero de actividad. Aunque, en cuanto pongo un pie dentro, todas las cabezas se vuelven. Todo se paraliza; reina el silencio durante dos segundos. *Uno* Misisipi, *dos* Misisipi. Y entonces los niños se ponen de pie de un salto. Empujan las sillas hacia atrás, que chirrían sobre el suelo, y corren todos a mi encuentro. Ocurre tan deprisa que no soy capaz de descifrar la energía. ¿Es hostil? ¿Efusiva? ¿He hecho algo imperdonable o bateado un jonrón que gana un partido? Ahora los niños están gritando, cada uno con más fuerza que el siguiente. Todos están haciendo la misma pregunta: *¿Mató tu padre al rabino Kahane?* Parece que quieren que diga que sí y que les decepcionará si les digo que no. La maestra está tratando de llegar hasta mí. Va separando a los chicos de uno en uno, diciéndoles siéntate, siéntate, siéntate. En la incomodidad del momento, lo único que se me ocurre —dos decenios después todavía me estremezco al recordarlo— es encogerme de hombros y sonreír.

● ● ●

En estos primeros fríos meses de 1991, los medios de comunicación y gran parte del mundo cree que Baba es un monstruo, y mi madre oye rumores de que la Liga de la Defensa Judía ha promulgado una especie de fetua por su cuenta: «Matar a los hijos de Nosair». Sin embargo, para muchos musulmanes mi padre es un héroe y un mártir. Kahane, se argumenta, era un fanático, un defensor de la violencia y la venganza, un extremista condenado incluso por muchos de sus correligionarios. Se refería a los árabes llamándoles perros; quería que Israel los expulsara, por la fuerza si fuera necesario. Así que, mientras mi padre es satanizado en muchos sectores, las familias musulmanas nos dan las gracias en la calle y envían donativos desde todos los rincones del mundo. Los donativos hacen posible que coma mi familia, y a mí y a mis hermanos que nos permitamos los únicos lujos de nuestra infancia. Una noche, mi madre nos enseña un catálogo de Sears y nos dice que podemos tener lo que queramos. Yo escojo todos los artículos que puedo encontrar de la Tortuga Ninja Mutante Adolescente. Luego, en Al-Ghazaly descubro que el padre de uno de mis compañeros de clase está tan alborozado por el asesinato de Kahane que me parará cada vez que me vea y me entregará un billete de cien dólares. Procuro tropezarme con él todas las veces posibles. Me compró mi primer Game Boy con ese dinero. Puede que el mundo me esté enviando mensajes contradictorios, pero una Game Boy es una Game Boy.

Un abogado activista llamado Michael Tarif Warren ha estado representando a mi padre. Cuando el legendario defensor de los derechos civiles y radical William Kunstler también ofrece inesperadamente sus servicios, Warren acepta la ayuda con cortesía.

La cara de Kunstler es larga y lúgubre, lleva las gafas apoyadas en la frente y tiene el pelo gris y rebelde. Se muestra alegre y afectuoso con nosotros, y cree en el derecho de mi padre a tener un juicio justo. A veces, Kunstler y su equipo acampan en nuestro piso y elaboran estrategias con mi madre hasta altas horas de la madrugada. En otras ocasiones, vamos a visitarle a su despacho de Greenwich Village. Una reproducción del *David* de Miguel Ángel descansa sobre la mesa; siempre que nos pasamos por allí, por respeto a mi hermana y mi madre se quita la corbata y la coloca sobre el cuello del hombrecillo para que le cubra sus partes pudendas.

Kunstler espera convencer al jurado de que fue la propia gente de Kahane quien le asesinó por una disputa de dinero y luego incriminaron a mi padre. Mi propia madre se cree la historia —su marido le ha asegurado que es inocente, y tiene que haber *alguna* explicación para el asesinato—, y todos hacemos nuestra la causa de mi padre. Al parecer, se han donado 163.000 dólares para contribuir a la defensa de Baba. Ammu Ibrahim recurre al mismísimo Osama bin Laden, que contribuye con veinte mil dólares.

Visitamos a mi padre en Rikers repetidamente. Le veo con el uniforme de la cárcel tantas veces, que eso acabará cambiando mis anteriores recuerdos de él. Más de veinte años después, imaginaré a mi familia en torno a la mesa de la comida en Cliffside Park, un año o más antes de la detención de mi padre. Y le imaginaré hablándonos animadamente, pasando una bandeja de cordero... ataviado con un mono naranja.

6 21 de diciembre de 1991 Tribunal Supremo de Nueva York, Manhattan

Los seguidores de mi padre están sentados en un lado de la sala del tribunal, y los de Kahane en el otro, como en una boda. Las facciones han comenzado a pelearse en la acera durante el juicio, así que hoy hay treinta y cinco agentes de policía en la sala. Es sábado. El jurado ha estado deliberando cuatro días. Han oído a la fiscalía argumentar que El-Sayyid Nosair era un hombre cargado de odio que actuó solo. Han visto al fiscal principal levantar la Magnun calibre 357, mirar fijamente a mi padre y luego volverse hacia el jurado y decir: «Esta arma segó una vida, hirió a dos personas más y aterrorizó a una enorme cantidad de gente. Díganles con su veredicto: Aquí no, Nosair, aquí no».

Los jurados también han oído al equipo de Kunstler sostener que Kahane fue asesinado por los enemigos que tenía en su propio entorno, y que los asesinos incriminaron a mi padre colocando el arma asesina junto a él mientras se desangraba tirado en Lexington Avenue. Se les ha recordado repetidamente que, gracias al caos reinante en el Marriott, ningún testigo recuerda haber visto a mi padre disparar a Kahane.

Cuando el jurado regresa con su veredicto, empieza a anochecer y estamos en nuestra casa de Jersey City. Suena el teléfono. Mi madre contesta. Es la mujer del tío Ibrahim,

Amina. Grita tanto que hasta puedo oírla: «¡No es culpable! ¡No es culpable!»

La sala del tribunal entra en erupción después de pronunciarse el veredicto. Hay gritos de furia de un lado y gritos de alivio del otro. Son como dos frentes tormentosos opuestos. En cuanto al juez, está consternado por el veredicto del jurado; les dice que está «desprovisto de sentido común y lógica». Acto seguido, como si temiera no haber sido lo bastante claro, añade: «Creo que el acusado ha abusado de este país, de nuestra Constitución y de nuestras leyes, así como de las personas que buscan vivir juntas pacíficamente».

El jurado ha *encontrado* culpable a mi padre de delitos menores: tenencia ilícita de armas, agresión (al agente del Servicio Postal y al anciano) y coacciones (en el secuestro del taxi). El juez le condena a la máxima pena permitida por la ley, de siete a veintisiete años. Pero en la sala prosigue la agitación, incluso cuando los jurados están saliendo en fila. Uno de los seguidores de Kahane señala hacia la tribuna vacía del jurado y grita: «¡Este no ha sido un jurado imparcial!» Todavía más personas corean: «¡Muerte a Nosair! ¡Muerte a Nosair! ¡Los perros árabes morirán!»

● ● ●

El hecho de que mi padre haya sido encontrado no culpable de asesinato da a la familia tanta esperanza que acabará hiriéndonos. Los abogados de mi padre prometen recurrir la condena. Ya tengo ocho años, y estoy convencido de que Baba saldrá caminando por la puerta en cualquier momento y que reanudaremos nuestras vidas. Pero mi padre no aparece nunca. Y cada día que no lo hace, yo me vuelvo más retraído.

Al cabo de un año de celebrarse el juicio, los donativos a mi familia se reducen a un goteo, y se hace difícil sobrevivir. Los amigos de mi padre nos siguen siendo leales (un repartidor llamado Mohammed Salameh promete casarse con mi hermana cuando ella tenga la edad legal), aunque son más leales a la yihad (Salameh será condenado a 240 años de reclusión por su participación en el atentado contra el World Trade Center antes de que mi hermana alcance la adolescencia). Cambiamos de residencia en Nueva Jersey y Pensilvania constantemente, por lo general a causa de alguna amenaza de muerte. Cuando termine el instituto, me habré mudado de casa veinte veces.

Siempre vivimos en barrios peligrosos donde no hay ninguna otra familia musulmana a la vista. Me pegan puñetazos y patadas en el colegio porque soy diferente, por ser gordito y por no hablar mucho. En la calle, se burlan de mi madre —la llaman *fantasma* y *ninja*— a causa del pañuelo de la cabeza y el velo. Nada dura demasiado tiempo; siempre hay alguien que descubre quienes somos, y se corre la voz de que somos los *tales* Nosair. El miedo y la humillación vuelven, y nos mudamos de nuevo.

En medio de todo esto, está el vacío interminable de la *añoranza de mi padre*. Su ausencia va haciéndose cada vez más grande, hasta que en mi mente ya no queda sitio para nada más. Él no está ahí para jugar al fútbol conmigo; no está ahí para decirme cómo enfrentarme a los matones; no está ahí para proteger a mi madre de la gente de la calle. Está en la Penitenciaría Estatal de Attica y no estará fuera hasta que yo tenga al menos quince años, tal vez ni siquiera hasta que cumpla los veintinueve. (No paro de hacer los cálculos en la cabeza a todas horas.) Me digo que ya no puedo contar con él. Pero siempre que vamos a visitarlo, la esperanza retorna. Ver a la familia junta de nuevo hace que todo parezca posible, incluso cuando no lo es.

● ● ●

Un fin de semana, cuando tengo nueve años, mi madre conduce para llevarnos a Attica, que está en el extremo más alejado del estado de Nueva York, cerca de Canadá. El coche es una vieja ranchera con los laterales forrados de falsa madera. Mi madre ha abatido los asientos traseros para que podamos dormir, o jugar, o revolcarnos si nos apetece. Desde que dejamos Nueva Jersey, estoy rebosante de energía nerviosa. Este fin de semana no solo vamos a visitar a mi padre en alguna sala grande y aburrida donde no hay nada que hacer salvo jugar a las damas chinas. Este fin de semana vamos a ir a «vivir» con mi padre. Mi madre ha intentado explicarnos cómo es eso posible, pero sigo sin poder imaginármelo. Nos detenemos en el camino para comprar provisiones —de algún modo u otro, ella va a cocinar para todos nosotros—, y mi madre me deja que compre una caja de galletas con pepitas de chocolate Entenmann's. De las blandas. Cuando volvemos al coche, estoy el doble de excitado que antes, entusiasmado por ver a Baba y por las galletas. Mi madre me mira por el retrovisor y se echa a reír. Ya nunca me ve contento.

Attica es inmensa y gris, como el castillo de un rey abatido. Pasamos por el control de seguridad. Los guardias lo inspeccionan todo, incluidas las provisiones, que tienen que estar perfectamente selladas.

—Aquí tenemos un problema —dice uno de ellos.

Sostiene en alto la caja de Entenmann's. Hay algún problema con la caja. Resulta que tiene un agujero en la ventana de celofán de la tapa, así que no me dejarán introducirla. Las lágrimas empiezan a escocerme en los ojos. Sé que en cuanto nos alejemos, los guardias se van a comer mis galletas. Y *saben* que no hay ningún problema con ellas.

Mi madre me pone la mano en el hombro.

—¿Sabes una cosa? —dice en un susurro.

Si respondo, se me quebrará la voz, y no quiero avergonzarme delante de los guardias, así que me limito a mirarla con expectación hasta que se inclina y me dice estas maravillosas palabras al oído:

—Que compré otra caja.

Atravieso el césped corriendo en dirección a mi padre. Muestra una amplia sonrisa y me hace gestos con la mano para que corra más, más, más deprisa. Está parado delante de una anodina casa blanca de una planta que ha sido plantada dentro de los muros de Attica para que las familias como la nuestra puedan pasar el fin de semana juntas. Hay una mesa de pícnic, un columpio y una parrilla al aire libre. Estoy sin respiración cuando llego junto a mi padre. Le echo los brazos alrededor de la cintura y él alarga los suyos para levantarme. Finge que he crecido demasiado para poder hacerlo. «Ya Allah —dice con un gruñido—, ¡Z debe de ser la abreviatura de Z-igantesco!», y se deja caer de espaldas sobre el césped recién cortado. Luchamos durante unos segundos, y entonces mi hermano grita desde el columpio: «¡Dame impulso, Baba, dame impulso!»

El fin de semana es perfecto, incluso los momentos de aburrimiento son perfectos, porque son *normales*. Jugamos al fútbol con la familia de la casa de al lado. Tenemos espagueti con albóndigas para cenar y una bandeja con galletas de Entenmann's de postre. Luego, mis padres nos dan las buenas noches temprano y desaparecen en el dormitorio. Mi hermana le dice a nuestro hermano pequeño que debería irse a la cama, pero él responde que no está cansado, ni lo más mínimo; luego, no tarda ni treinta segundos en quedarse dormido en un sofá de piel negra del salón. Así que mi hermana y yo aprovechamos el momento y vemos un vídeo de *Cujo* que metí a escondidas en nuestra cesta en la biblioteca de la cárcel. Trata de ese encantador San Bernardo que vive en Connecticut al cual muerde un murciélago y contrae la rabia, entonces empieza a volverse loco. Mi hermana y yo nos acurrucamos el uno contra el otro mientras la vemos. Nuestra madre sí que se volvería loca si supiera que la estamos viendo, lo cual le da más emoción.

Así que durante un fin de semana *somos* realmente la familia que Baba insiste en que seremos siempre. Sí, el teléfono suena cada noche a las seis, y mi padre tiene que recitar su nombre completo y número de identificación carcelaria, así como algunas otras cosas que demuestren que no ha intentado escapar. Sí, hay una valla rematada de alambre de espino que recorre todo el perímetro de nuestro verde patio residencial. Y sí, mas allá de esta hay un colosal muro gris de más de nueve metros de altura. Pero estamos los cinco juntos, y el mundo no parece una amenaza. Es como si el gran muro gris nos estuviera protegiendo, manteniendo a las demás personas *fuera* y no a mi padre *dentro*.

Como es habitual, en la situación hay algo más de lo que puedo comprender. Tal vez Baba sea un amable San Bernardo cuando está con nosotros, pero en cuanto nos vamos retorna su fanatismo. Cuando nos amontonamos en el interior de la ranchera para el interminable viaje de vuelta a Nueva Jersey —aturdidos, felices y pletóricos de esa peligrosa esperanza—, mi padre regresa a su celda y despotrica contra el juez judío que lo envió a prisión y da instrucciones a las visitas de la mezquita para que lo asesinen («¿Por qué debería ser clemente con él? ¿Acaso fue compasivo conmigo?») Cuando el plan fracasa, vuelve su atención a una conspiración aún más detestable. Mientras fantaseo con que seamos una verdadera familia, él fantasea con derrumbar las Torres Gemelas.

7 26 de febrero de 1993
Jersey City, Nueva Jersey

Estoy a punto de cumplir diez años y llevo unos cuantos sufriendo acoso escolar. No puedo pretender que la causa sea exclusivamente quién es mi padre. Por razones que probablemente pasaré toda mi vida intentando desentrañar, parece que ejerzo una atracción irresistible para los malos tratos. La última broma de los acosadores consiste en esperar a que haya girado la llave para abrir mi taquilla y entonces golpearme la cabeza contra ella y salir corriendo. Siempre que esto sucede, el director dice que quiere ser «justo con todas las partes», así que por lo general me castigan a quedarme después de clase junto con los matones. La ira y el miedo han anidado de manera permanente en mi estómago. Hoy es viernes y mi madre me ha dejado quedarme en casa y no ir al colegio, para que me recupere de lo que hemos acordado llamar un «virus intestinal».

Estoy instalado en el sofá, viendo *Bigfoot y los Henderson*, una película sobre una familia que esconde a una criatura tipo yeti de la policía, porque esta no entenderá lo amable y dócil que es. En mitad de la película hay un avance informativo. Mi madre está en su dormitorio tratando de escribir una novela histórica, así que en esta ocasión no está presente para apagar el televisor.

Ha habido una explosión en el aparcamiento subterráneo de la Torre Norte del World Trade Center. El Departamento de Policía de Nueva York, el FBI y la ATF* están en el escenario del crimen, y la primera teoría es que ha explotado un transformador.

Llamo a la puerta del dormitorio de mi madre. Como no responde, la abro un poco. Por la rendija la veo sentada a su mesa, enfrascada en la redacción de su novela. La historia trata de una estadounidense que viaja a Oriente Próximo y corre algún tipo de aventura. Es todo lo que sé. Y ella está escribiendo a máquina en una especie de trance.

—Deberías salir —digo—. Está pasando algo.

—No puedo —responde sin levantar la vista.

—Pero…

—No insistas, Z. Mi heroína está atrapada en una tormenta de arena, y su camello no se va a mover.

Así que me dejo caer de nuevo en el sofá y durante horas veo el desarrollo de los acontecimientos. Los destrozos son espantosos. La gente sale dando tumbos cubierta de cenizas. La periodista dice: «Jamás habíamos visto algo semejante». Son las tres de la tarde cuando mi madre sale de su dormitorio, parpadeando por la luz del sol como si saliera de una cueva. Mira hacia el televisor y se para en seco.

—¿Por qué no me *avisaste*? —pregunta.

●   ●   ●

Cientos de agentes del FBI rastrean los escombros en el lugar de la explosión. Abandonan la teoría del transformador cuando descubren los retos de la furgoneta Ryder que transportaba los

---

* Bureau of Alcohol, Tobacco, Firearms and Explosives (Agencia de Alcohol, Tabaco, Armas de Fuego y Explosivos).

explosivos. El FBI investiga el vehículo, que los lleva hasta
Mohammed Salameh —el repartidor que había prometido
casarse con mi hermana cuando esta cumpliera la edad—, y el
cuatro de marzo lo detienen cuando regresa a la empresa de
alquiler de coches para informar de que le han robado la furgoneta y pedir que le devuelvan los cuatrocientos dólares del depósito. En los meses siguientes, Estados Unidos se estremece ante
la hasta entonces inconcebible idea de sufrir el terrorismo en su
suelo, así como por el hecho de que sus agencias estatales hayan
sido pilladas desprevenidas. Pasarán años antes de que el último
conspirador sea condenado, pero a diario salen a la luz nuevos
detalles alarmantes de cómo se cuajó el complot.

Se conoce un detalle sobrecogedor: mi padre ayudó a elaborar
la estrategia del ataque desde su celda de Attica, utilizando a las
visitas para enviar mensajes a sus colaboradores. Uno de tales
colaboradores era su antiguo mentor, el Jeque ciego, que seguía
residiendo —y dictando fetuas— en Estados Unidos pese a ser
un conocido terrorista. El Jeque ciego ofrecía a sus seguidores
«guía espiritual». Y según las autoridades, no solo propició la
conspiración para atentar contra el World Trade Center, sino que
también aprobó un plan que habría sido bastante más mortífero,
de haberse llegado a producir: cinco bombas más detonarían al
cabo de diez minutos en las Naciones Unidas, los túneles Lincoln
y Holland, el puente George Washington y el edificio federal
que aloja al FBI en la ciudad de Nueva York.

Aunque, por razones prácticas, la operación del World Trade
Center fue dirigida por el kuwaití Ramzi Yousef. Este había
estudiado ingeniería eléctrica en Gales y aprendido a fabricar
bombas en un campo de entrenamiento terrorista de Pakistán.

Había entrado en Estados Unidos con un pasaporte iraquí falso en 1992 y, al ser detenido, jugó la baza de pedir asilo político para librarse de la cárcel. Se fijó fecha para la vista. Y, como fuera que los calabozos estaban llenos, Yousef fue puesto en libertad bajo palabra en Nueva Jersey, tras lo cual él y su equipo empezaron a reunir los componentes para fabricar la bomba. Pocas horas después del ataque, Yousef abandonó el país sin ningún impedimento. «Proclamamos nuestra responsabilidad por la explosión en el mencionado edificio», declaró en una carta enviada al *New York Times*. «Dicha acción fue realizada como respuesta al apoyo militar, económico y político de Estados Unidos a Israel, el Estado terrorista, y a los demás países dictatoriales de la región.»

Las seis víctimas, por supuesto, no tenían ninguna relación con la política exterior de Estados Unidos. A decir verdad, el atentado con bomba fue un acto de odio destinado exclusivamente —como todos los actos semejantes— a inspirar a su vez más odio. Ojalá pudiera hacer algo más para rendir homenaje a los inocentes que repetir sus nombres, pero me avergonzaría de mí mismo si por lo menos no hiciera eso. Todos ellos murieron simplemente por llevar sus vidas: Robert Kirkpatrick, Bill Macko y Stephen Knapp eran, los tres, supervisores de mantenimiento del World Trade Center; estaban almorzando juntos cuando explotó la bomba. Mónica Rodríguez Smith era secretaria; embarazada de siete meses, trabajaba en su oficina cuando fue asesinada. Wilfredo Mercado trabajaba para el restaurante Windows on the World; se hallaba comprobando unos suministros. Y John DiGiovanni era un representante especializado en artículos dentales; solo estaba aparcando el coche.

En otoño de 1995, las autoridades disponen por fin de la traducción del contenido completo de las cuarenta y siete cajas incautadas en nuestra casa tras el asesinato de Kahane. Han concluido que el asesinato, en efecto, formaba parte de una conspiración, y —gracias a alguna artimaña legal para burlar el principio de cosa juzgada— mi padre vuelve a ser juzgado por el asesinato, además de por su participación en el atentado con bomba contra el World Trade Center.

Mi padre sigue insistiendo en que es inocente de absolutamente todo. Yo le creo porque… bueno, porque tengo doce años. Mi madre tiene sus dudas. Ahora detecta un tono amargo en la voz de mi padre cuando hablan por teléfono. Este le habla a voces de la conspiración tramada en su contra, despotrica contra los enemigos de Alá, cuyas mentiras son cuantiosas. Está lleno de planes para que le liberen, y le da instrucciones a gritos: *¡Escribe al juez! ¡Llama a Pakistán! ¡Ve a la embajada de Egipto! ¿Lo estás escribiendo todo?* Mi madre dice a todo que sí en voz baja.

El uno de octubre mi padre, junto con el Jeque ciego y ocho personas más, es declarado culpable de cuarenta y ocho de las cincuenta acusaciones que pesan en su contra, y condenado a cadena perpetua y a quince años sin posibilidad de libertad condicional. El asesinato del hijo nonato de Mónica Rodríguez Smith va incluido en la condena.

Después de la nueva serie de condenas veo a mi padre una vez en el Centro Penitenciario Metropolitano de Nueva York. A mi madre le aterroriza el futuro que le espera a ella y a sus hijos. Estamos en la indigencia. No tenemos ningún plan para sobrevivir y ninguna esperanza de que mi padre sea de nuevo un verdadero padre o marido. Ni siquiera hoy admite su culpa.

Cuando se acerca a abrazar y a besar a mi madre, ella se aparta por primera vez, tan asqueada que cree que va a vomitar. Durante años, intentará consolarnos diciendo que tenemos un padre que nos quiere, aunque siempre recordará la visita al Centro Penitenciario Metropolitano como el día en que su corazón se rindió definitivamente. Mi padre es enviado a una serie de cárceles de máxima seguridad por todo el país. Ya no se nos permite visitarlo, ni aunque quisiéramos. Mi madre apenas tiene dinero para pagar las llamadas a cobro revertido de mi padre. Y yo ya no quiero hablar con él. ¿Qué sentido tiene? Lo único que dice siempre es: «¿Rezas tus oraciones? ¿Eres bueno con tu madre?» Y lo único que deseo decirle yo es: *¿Y tú estás siendo bueno con mi madre, Baba? ¿Sabes que no tiene dinero y que no para de llorar?* Pero, como es natural, estoy demasiado asustado para decirle nada de esto. Así que mi padre y yo seguimos manteniendo las mismas conversaciones absurdas, mientras enrosco el cable elástico del teléfono alrededor de mi mano cada vez con más fuerza, porque solo quiero que esto acabe de una vez.

Mi madre también quiere que termine. Ahora lo único que le importa son sus hijos.

Pide el divorcio y todos cambiamos de apellidos.

Hemos visto a mi padre por última vez.

ARRIBA Zak visitando a su padre en la isla de Rikers en 1991.

PÁGINA ANTERIOR Zak visita a su padre.
Centro Penitenciario de Attica, 1994.
Al fondo, la pequeña casa donde la familia
pasó junta el fin de semana.

8 Abril de 1996
Memphis, Tennessee

Estoy libre de la influencia de mi padre, pero mi educación en la violencia —en sus estragos y su inutilidad— no ha acabado gracias a un nuevo colegio espantoso y un despiadado padrastro que está a punto de aparecer en el horizonte. No voy a pretender que, como un niño de trece años que soy, ya he asimilado las enseñanzas de Martin Luther King, Jr., las de que mis enemigos también están sufriendo, que la venganza es un callejón sin salida y que el dolor te puede redimir y transformar. No, simplemente odio ser golpeado. Eso me pone furioso y me llena de odio hacia mí mismo, así que me defiendo en todas las ocasiones. Pero todo lo que experimento propicia el día en que por fin comprenderé que la no violencia es la única reacción sensata y humana al conflicto, ya sea en los pasillos de un instituto o en el escenario mundial.

Llamaré a mi nuevo colegio «instituto de enseñanza media de Queensridge». Yo soy uno de los pocos niños «blancos» —toda mi vida he sido considerado caucásico por las minorías, y una minoría por los caucásicos— y además no soy del Sur, así que los matones tienen motivos donde elegir para zurrarme. Solo un profesor intenta protegerme; el resto no hace más que alentar el acoso. Cuando mi madre llama a la policía después de una agresión especialmente violenta, se niegan incluso a levantar un atestado. El colegio es una pesadilla. Las drogas pasan de unas manos a otras en los pasillos; hay enfrentamientos entre bandas. Un día, durante la clase de ciencias sociales, el profesor se ausenta y dos alumnos empiezan a retozar en la parte de atrás del aula.

En medio de todo esto, mi padre llama desde la cárcel y parece furioso y excitado. A toda prisa nos hace las preguntas habituales a mi hermana, a mi hermano y a mí, y luego me dice que se ponga mi madre al teléfono. Ella no ha hablado con él desde el divorcio. Cuando extiendo el auricular, mi madre retrocede. No sé qué hacer. Pongo cara de súplica y sacudo el teléfono: *Cógelo. Por favor, cógelo.* Al final, ella cede. Lo hace por mí.

Mi madre ni siquiera puede decir una palabra antes de que mi padre se lance a explicar su último plan para salir de la cárcel. Un importante diplomático pakistaní está de visita en Washington, D. C., le dice. Mi madre tiene que ponerse en contacto con él. Tiene que convencerle de que intercambien un prisionero israelí por *él*.

—Un intercambio de prisioneros... es la única esperanza —dice él—. Tienes que hacerlo, y *no puedes fracasar*, como ya has hecho anteriormente.

Mi madre guarda silencio.

—Sayyid —dice por fin—. Ya no soy tu esposa, y sin duda alguna no soy tu secretaria.

Estupefacto, me siento a la mesa de la cocina durante los siguientes minutos, mientras mi madre le dice a mi padre que ha destruido nuestras vidas, que parece que se estuviera volviendo majara y que no quiere volver a oír su voz nunca más. No le dice que sospecha que él es culpable de todo de lo que se le ha acusado, quizá porque sabe que estoy escuchando. Sea como fuere, ahora mi padre está que echa chispas, y dice algo que disipa cualquier duda acerca de su culpabilidad:

—Hice lo que tenía que hacer, y lo sabes muy bien.

● ● ●

Mi madre no me dice abiertamente que mi padre *es*, en efecto, un asesino, pero yo debo sospecharlo, porque a medida que transcurren las semanas mi furia va en aumento gradual. Después de la muerte de Kahane podía consolarme con el hecho de que mi padre hubiera sido considerado no culpable de asesinato y que, en el peor de los casos, volvería a casa con nosotros como hombre libre en 2012. Pero al conspirar para volar el World Trade Center, no solo ha participado en un acto abominable, sino que se ha ocupado también de que jamás volvamos a ser una familia de nuevo. *Cadena perpetua más quince años sin libertad condicional.* Mi padre no volverá a jugar al fútbol conmigo nunca más. Y él mismo ha escogido ese destino. Escogió el terrorismo por encima de la paternidad, y el odio antes que el amor. Dejando a un lado el hecho de que nuestra familia es ahora más tristemente célebre que nunca, el atentado contra el World Trade Center ha contaminado la opinión de Estados Unidos sobre *todos* los musulmanes. Cuando vamos en la ranchera, los demás conductores reparan en el pañuelo y el velo de mi madre y le hacen una peineta, o dan un volantazo hacia nosotros e intentan sacarnos de la carretera. Cuando hacemos la compra, la gente retrocede al verla. O le gritan, a veces en un inglés defectuoso: «Vuelve a tu país». Y yo me avergüenzo todas las veces, no porque sea musulmán, sino porque nunca logro reunir el valor para responderles a gritos: «¡Ella nació en Pittsburgh, idiota!»

Ya soy un adolescente, e incluso antes del atentado del World Trade Center mi autoestima estaba agujereada a balazos. El acoso en el colegio no va a parar nunca, el estómago me duele *permanentemente* y por la noche me golpeo la cabeza contra la pared de mi dormitorio por las mismas razones que las chicas de mi edad se cortan las venas. Pienso en lo fácil, en lo apacible que sería estar muerto, y ahora se suma este espantoso reconocimiento: mi padre escogió el terrorismo antes que a mí.

● ● ●

No mucho después de la llamada de mi padre, mi madre empieza a tener una tos espantosa con sonidos crepitantes en los pulmones que se convierte en una bronquitis. Está tanto tiempo enferma —y tan hundida emocionalmente— que una noche la oigo rezar a Alá pidiéndole que la guíe. Dos semanas después, parece que el ciclo se abre: la esposa de nuestro jeque nos llama para comunicar que su familia tiene un amigo en Nueva York que está buscando esposa. Debido a todo lo que está a punto de suceder, cambiaré el nombre del hombre y le llamaré Ahmed Sufyan.

Ahmed nació en Egipto, como mi padre. Trabaja en una tienda de electrónica y es boxeador aficionado; delgado y nervudo, sus brazos fibrosos están llenos de músculos. Al igual que mi madre, Ahmed tiene tres hijos. Y dice que él *también* está huyendo de un matrimonio lamentable. Según cuenta, su exesposa era prostituta antes de que él la conociera, y que se vio obligado a divorciarse después de haberla encontrado en casa de su antiguo chulo, con una pipa de crack en la mano y el hijo pequeño de ambos en los brazos. Durante dos semanas, Ahmed y mi madre hablan por teléfono para conocerse. Él le confiesa que considera a mi padre un heroico siervo de Alá, y que siempre había tenido la esperanza de conocer a mi familia y ayudarnos en lo que pudiera. Mi madre le invita a Memphis para que puedan hablar cara a cara.

La noche de la llegada de Ahmed mi madre hace pollo asado, arroz y ensalada para cenar. Yo estoy tan ávido de tener un padre que me siento dispuesto a quererlo antes incluso de que se siente. Parece ser un buen musulmán —nos indica que recemos antes de comer—, y puesto que es boxeador, ya me estoy imaginando las lecciones nocturnas en las que me enseñe la manera de defenderme en el colegio. Nunca he tenido mucha suerte con la esperanza anteriormente. Pero todos nos merecemos un capítulo feliz, mi madre más que nadie. Se me llenan los ojos de lágrimas cuando este hombre que ha conocido a mi madre hace tres horas mira en torno a la mesa y dice algo que *debería* parecer inquietante: «No os preocupéis, niños. Ahora vuestro padre está aquí».

Al final del verano nos trasladamos de nuevo a Nueva Jersey y conocemos a los hijos de Ahmed. Después de que nuestros padres se casen, la tribu de los Brady musulmana al completo comparte la habitación de un motel en Newark, mientras Ahmed ahorra el dinero suficiente para alquilar un piso. Intento llevarme bien con su familia, pero es difícil. Al final, uno de sus hijos y yo tenemos una pelea sobre qué ver en la televisión. Ahmed se pone de parte de su hijo. He sido castigado antes —a veces, mi padre me daba unos azotes con una chancleta—, pero nunca por alguien que disfrutara con ello y nunca con la hebilla de un cinturón.

● ● ●

Ahmed resulta ser una mala imitación de un musulmán. No, no bebe alcohol ni come cerdo, pero tampoco reza, o lo hace deprisa, ni invoca al islam en absoluto, a menos que haya alguien a quien quiera impresionar, controlar u odiar. Es mezquino, paranoico y vengativo. Confía en sus hijos ciegamente —en especial en el hijo que le miente una y otra vez—, pero al resto de nosotros nos acecha, desesperado por pillarnos haciendo algo malo.

Encontramos una casa en Elizabeth, Nueva Jersey, un pequeño ático donde vivimos sin mucho mobiliario. La conducta de Ahmed es cada vez más extravagante. Finge que se va a trabajar, pero en vez de eso se aposta fuera de nuestro edificio durante horas, observándonos a través de las ventanas. Me hace caminar varios kilómetros todas las mañanas para ir al colegio y me sigue sigilosamente en su coche. Prácticamente no hay dinero para comprar comida, pero lleva a sus hijos fuera a comer pizza y no trae nada para nosotros. Un fin de semana mi hermano y yo acabamos en urgencias debido a nuestra desnutrición. El médico se pone tan furioso que a punto está de llamar a los Servicios de Protección de Menores cuando mi madre —aquejada ella misma de desnutrición— le suplica que cuelgue el teléfono. El episodio no aflige a Ahmed en absoluto. Piensa que soy repugnante porque estoy gordito, y se pasa dos semanas enteras llamándome *vaca* en árabe.

Ahmed nos castiga a mi hermano y a mí cada vez que cometemos una infracción, sea real o imaginaria. Utiliza los puños, el cinturón, una percha. Debido a que es boxeador y va al gimnasio compulsivamente, sus castigos suelen ser palizas en toda regla, y me doy cuenta de que pone a prueba diferentes combinaciones de golpes. Aunque su maniobra favorita es una especie de extraño engaño: primero se precipita hacia mí a través de la habitación con una expresión de ira en el rostro. Entonces, cuando me he cubierto la cara con las manos, pega un salto y se deja caer sobre mis pies desprotegidos.

Mi madre mira por la ventana cuando ya no puede soportar seguir viendo esto. Ahmed la ha estado maltratando tanto que apenas puede pensar con claridad. La ha convencido de que nos hemos corrompido moralmente desde que encerraron a mi padre y que solo él puede redimirnos. En cierta ocasión, cuando mi madre intenta intervenir en mi defensa, él la golpea en la cabeza con un jarrón.

Ahmed no es un asesino como mi padre, pero dentro de los muros de nuestro piso —entre las personas que afirma querer— es un completo terrorista.

● ● ●

Cuando cumplo los catorce años, empiezo a robarle dinero. Al principio, solo algunas monedas sueltas. Luego, ya son billetes de cinco y diez dólares que encuentro debajo del colchón cuando hago la cama. Por lo general, cojo el dinero porque no hay comida en casa, y hay un Dunkin' Donuts camino del colegio. A veces, es solo porque quiero comprar un CD de The Roots, como todo el mundo. Me sorprende que Ahmed no tenga ni idea de que le estoy robando, así que mi audacia va en aumento.

Pero resulta que Ahmed sabe perfectamente que le estoy robando; solo está esperando al momento oportuno para atacar.

Una mañana me meto en el bolsillo un billete de veinte dólares de los de debajo del colchón y me compro un lápiz láser de lo más chulo. Esa noche Ahmed por fin se encara conmigo en el dormitorio.

Confieso. Me disculpo. Introduzco la mano en el cajón superior de mi cómoda, donde he estado escondiendo el dinero. Ahmed tiene la costumbre de revisar nuestras pertenencias, así que he desenroscado la parte inferior de mi tubo de desodorante y escondido los billetes dentro.

Ahmed se acerca a mí. Mi habitación es tan diminuta que apenas hay espacio suficiente para los dos. Su proximidad es aterradora. Pero todavía no me ha puesto una mano encima. De hecho, cuando ve que desenrosco el desodorante y saco el dinero, asiente con la cabeza como si estuviera impresionado.

—Astuto —dice.

No parece tan enfadado como *alborozado*, lo cual me parece extraño... hasta que me doy cuenta de la razón.

Esa noche Ahmed me introduce en el dormitorio principal y me golpea e interroga sobre los robos desde la medianoche hasta bien entrado el día siguiente. Me pregunta qué clase de imbécil creo que es. Me pregunta si me he olvidado en qué casa estoy viviendo, si de verdad me imagino, en mi insignificante cerebro de vaca, que haya algo de lo que suceda de lo que él no sea consciente *antes incluso de que ocurra*. Me dice que me quite la camisa y haga cien flexiones. Mientras me esfuerzo en hacerlas, me patea el estómago y las costillas. Luego me golpea la palma de la mano con una percha tantas veces que los cortes y las costras con la forma exacta del gancho de la percha me duran semanas; parecerá que llevo un signo de interrogación grabado en la mano.

Durante todo este tiempo mi madre está tumbada en el sofá del salón sollozando. Se acerca a la puerta del dormitorio solo una vez y, antes siquiera de que pueda suplicar a Ahmed que pare, él le dice a gritos: «¡A Nosair le daría asco la forma en que educas a tus hijos! ¡Tienes suerte de que esté aquí para corregir tus errores!»

Yo mismo he probado a ser un acosador. Cuando tenía once años llegó un chico nuevo al colegio. Era asiático y, sin nada más en lo que basarme que en los estereotipos, di por sentado que todos los asiáticos sabían artes marciales. Pensé que sería estupendo y muy propio de una Tortuga Ninja practicar un poco de kárate, así que me pasé el día entero provocándole para que luchara conmigo. Pues resultó que aquel niño asiático en concreto sí que sabía artes marciales: cuando simuló que me iba a golpear en la cara y me agaché, me dio una patada en la cabeza. Salí huyendo del colegio llorando a moco tendido, pero me detuvo el guarda peatonal, que me envió a la enfermería; allí me dieron un bocadillo de gelatina y mantequilla de cacahuete helado para que me lo pusiera en el ojo.

En resumidas cuentas, fue una experiencia humillante. Así que hasta que Ahmed no me dio la paliza por robar no me decidí a probar suerte de nuevo como matón.

Camino por el pasillo del colegio y me topo con un grupo de niños pequeños que le han quitado la mochila a otro y se la están pasando entre sí para no dejársela coger. El niño está llorando. Entonces cojo la mochila y la encesto con un mate en una papelera. La sensación es momentáneamente gratificante; es innegable que estar en el otro lado de la ecuación me produce un subidón. Pero entonces veo en la cara del pobre niño acosado una expresión que reconozco —tanto de miedo como de desconcierto— y que me conmueve tanto que saco la mochila de la papelera y se la devuelvo. Nunca nadie se sentó conmigo y me enseñó qué es la empatía ni por qué es más importante que el poder, el patriotismo o la religión. Pero la aprendí allí mismo, en el pasillo: no puedo hacer lo que me han hecho a mí.

9 Diciembre de 1998
Alejandría, Egipto

Tengo quince años la última vez que Ahmed me pone la mano encima. Nos trasladamos a Egipto porque es más barato y porque allí mi padrastro tiene familiares que pueden ayudar a mi madre a cuidar de nosotros, los niños. Vivimos seis en un piso de dos habitaciones de un enorme edificio de cemento en un barrio llamado Smouha. Es una casa sórdida y destartalada. Ahora que es invierno también hace un frío glacial, ya que el cemento no retiene el calor. Sin embargo, cerca hay un centro comercial y están construyendo un supermercado. No es el peor lugar en el que hayamos vivido.

Un sábado, un amigo del barrio y yo estamos haciendo el tonto en la calle, jugando a los espadachines con unos palos, cuando el hijo de Ahmed y una pandilla de otros niños se acercan corriendo porque piensan que estamos peleando en serio. Algunos empiezan a tirarnos piedras. Sin fuerza, la verdad, solo están jugando. Pero a medida que pasa el tiempo se vuelven más agresivos, así que grito: «¡Parad!» Soy el mayor y el más grande de todos. Todos se paran. Salvo el hijo de Ahmed, que tiene que lanzar *una* piedra más… justo contra mi cara. Me rompe las gafas y me hace un corte en la nariz. Todos se aterrorizan y se dispersan.

En casa, mi madre me pregunta qué ha sucedido.

—Antes de decírtelo —digo—, tienes que *jurarme* que no se lo dirás a Ahmed.

Sé que es imposible que él vaya a creerme antes que a su hijo y que el segundo premio será una paliza. Mi madre me promete que no dirá una palabra. Así que se lo cuento todo, y ella envía al hijo de Ahmed a su habitación como castigo. Estoy eufórico. Aquello es un poquitín de justicia después de dos años y medio de maltratos. Esa noche, mientras estoy en la cama, oigo que Ahmed llega a casa después de salir de la *masjid*. Oigo el tintineo del cristal cuando deja caer las llaves en un cuenco que hay al lado de su cama. Oigo el ruido metálico de las perchas cuando cuelga su camisa y sus pantalones. Le oigo hacer sus flexiones nocturnas, acompañadas de una serie de tan ruidosos como innecesarios gruñidos. Y entonces oigo a mi madre hacer algo que me rompe el corazón: se lo cuenta todo.

Ahmed me convoca a su habitación. No dice ni una palabra de lo que ha hecho su hijo, aunque debe de ver que mis gafas están unidas torpemente con cinta adhesiva y que tengo sangre seca en el puente de la nariz. Pero lo que dice es:

—¿Por qué estabas jugando con palos?

Y esa pregunta hace que explote.

No contra Ahmed, sino contra mi madre.

—¡Lo ves! —le grito—. ¡Esta es justo la razón de que no quisiera que se lo contaras! Porque me va a echar la culpa a mí, como hace siempre. —Me callo durante un segundo. Estoy indignado y tengo la necesidad de decir una cosa más—: ¡Porque no es más que un *gilipollas*!

Entonces cojo el calentador del suelo y lo lanzo contra la pared. El cable suelta unas cuantas chispas al ser arrancado del enchufe, y las barras del calefactor traquetean y suenan como una ruidosa *chancleta*.

Salgo del dormitorio y me dirijo a la cocina llorando y gritando. Estoy tan desbocado que hasta yo me asusto. Estoy dando puñetazos a la puerta de la cocina sin parar cuando oigo que Ahmed avanza por el pasillo hecho un basilisco en pos de mí. Sé lo que se avecina. En cuanto entra en la cocina, me tiro al suelo y me hago un ovillo cuando empieza a aporrearme con los puños. Lo soportaré, como hago siempre.

De pronto, mi madre se precipita dentro de la cocina y le grita a Ahmed que pare. Él se queda tan sorprendido de que mi madre acuda en mi defensa, que ella consigue apartarlo. Mi madre me ayuda a levantarme. Me alisa el pelo y los tres nos quedamos de pie en la cocina, jadeando.

Mi madre me susurra:

—Lo siento muchísimo, Z.

Ahmed no se puede creer lo que está oyendo.

—¡Ah, ella lo siente muchísimo! —dice, indignado—. Solo estoy haciendo lo que haría Nosair, ¡lo que tú eres demasiado débil para hacer!

Tengo las manos en las rodillas —llevo puesto el pijama, un largo camisón llamado *jalabiyah*— intentando recuperar el resuello, cuando Ahmed me golpea de nuevo. Un gancho al mentón, perfeccionado en el gimnasio. Mi madre se interpone entre los dos. Pero Ahmed no se detiene. Lanza sendos puñetazos por la izquierda y la derecha de la cabeza de mi madre. No podría importarle menos que pudiera golpearla, lo cual me enfurece, así que hago algo que les da un susto de muerte a Ahmed y a mi madre, y también a mí: le devuelvo el puñetazo.

Es un golpe alocado; ni siquiera llego a alcanzarle. Sin embargo, durante medio segundo el miedo hace que Ahmed abra los ojos como si se le fueran a salir de las órbitas. Sale de la cocina sigilosamente y nunca más vuelve a ponerme la mano encima. Es una victoria, aunque efímera: empieza a pegar aún más a mi hermano pequeño.

● ● ●

Después de Año Nuevo acepto una llamada a cobro revertido de mi padre, que ahora está en una cárcel «supermax» —abreviatura de súper máxima seguridad— en California. Rara vez hablo ya con él, y me doy cuenta por su voz de que se sorprende de que la llamada haya sido aceptada. Recuerdo la ocasión en que mi madre le puso a caldo por teléfono y quiero tener mi propia catarsis. Quiero decirle la asquerosidad en que se ha convertido nuestra vida desde que decidiera que las muertes de otras personas eran más importantes que las vidas de sus propios familiares. Quiero gritarle por teléfono. Por una vez quiero perder el control, porque debería saber el precio que estamos pagando por sus crímenes. No voy a volver a verle nunca más. Está en la cárcel. Para toda la vida. No tiene ningún control sobre mí. No me puede hacer daño y, *sin duda*, no puede ayudarme.

Pero, como ocurre siempre, no soy capaz de exteriorizar mi ira. Me limito a sollozar. Mi padre simula no darse cuenta. Me pregunta débilmente si rezo mis oraciones y si soy bueno con mi madre.

10 Julio de 1999
Filadelfia, Pensilvania

Cuando cumplo los dieciséis años, llevo algún tiempo oculto tras el apellido Ebrahim. Ha sido como una capa de invisibilidad, y, al menos últimamente, ha funcionado: ninguno de mis nuevos amigos sabe que nací Nosair. El experimento egipcio de mi familia ha fracasado. Nos hemos vuelto a trasladar a Estados Unidos. Y —no sé si a causa de haberme distanciado más de mi padre o de que ya no vivo atemorizado por la violencia de mi padrastro— estoy empezando a sentirme esperanzado y optimista por primera vez desde que mi madre me despertó y me dijo que había habido un «accidente». Decido dar un salto al vacío y le digo a mis dos mejores amigos quién soy realmente. Les digo que soy el hijo de El-Sayyid Nosair.

Primero se lo confieso a mi amigo Orlando. Estamos en un viaje de estudios, sentados en un banco en el jardín de un museo. El nombre de Nosair no le dice nada, así que respiro profundamente y se lo explico. Le digo que mi padre asesinó a un rabino llamado Meir Kahane y que ayudó a orquestar el ataque contra el World Trade Center. Orlando me mira con incredulidad. Está tan impresionado por todas las atrocidades que le cuento que lo único que puede hacer es echarse a reír. Y se ríe con tanta fuerza que se cae del banco. No me juzga.

La segunda persona a la que se lo cuento es mi amigo Suboh. Ambos trabajamos en un supermercado de un mal barrio y, ya que es lo bastante mayor para conducir, me deja en casa cuando terminamos la jornada. Suboh es palestino. Conoce el nombre de El-Sayyid Nosair y las cosas siniestras que representa. Le digo que Orlando es la única otra persona del mundo a la que le he hablado de mi padre o haya pensado hacerlo. Estamos sentados en el coche de Suboh en el exterior de mi casa. Me mira y asiente con la cabeza. Tengo miedo de su reacción. Las ventanillas traquetean cuando los camiones pasan por nuestro lado. Cuando por fin se decide a hablar, en realidad me censura, aunque no en el sentido que me temía: «¿Se lo has contado a Orlando antes que a *mí*?» Siento una oleada de alivio. Si mis amigos no me culpan por los pecados de mi padre, entonces puede que, poco a poco, yo mismo deje de hacerlo. Tengo la sensación de haber estado cargando con algo enorme y pesado y que por fin me lo quito de encima.

● ● ●

En 2001 volvimos a cambiar de domicilio. Mi hermana se ha casado y marchado de casa. El resto nos dirigimos a Tampa, donde Ahmed cree que puede encontrar trabajo. Sí, Ahmed sigue todavía en medio; es como el moho en las paredes del que nunca podemos deshacernos. Pero cada vez es más evidente que no puede decirme lo que tengo que pensar más de lo que puede mi padre. Su reino del terror se está volviendo patético, y acaba el día en que insiste en que mi hermano y yo consigamos unos trabajos para el verano.

La idea de tener algo de dinero nos entusiasma, aunque Ahmed se vaya a quedar la mitad para pagar las facturas. La campaña de contrataciones del parque de atracciones de Busch

Gardens está en su apogeo, así que nos dirigimos en tropel hacia el parque temático, rellenamos nuestras solicitudes y nos sentamos a esperar las entrevistas con un montón de otros adolescentes bronceados. No tenemos ninguna esperanza. Pero, milagrosamente, nos contratan a los dos. Yo voy a ser guía del Rally de los Rinocerontes, lo cual es algo más que genial: *¡Sumérjanse en lo más profundo del corazón de África! ¡En nuestro recorrido guiado experimentarán toda la emoción de un safari y se encontrarán cara a cara con algunos de los animales más majestuosos del planeta! ¡Venga! ¡Emprendamos la aventura!* Mi hermano trabajará en los Rápidos del Río Congo, atracción que, insiste, es todavía más genial: *¡Prepárense para el descenso fluvial más desenfrenado que hayan visto! En cuanto estén a bordo de la balsa gigante de Busch Gardens, se lanzarán por peligrosos rápidos, pasarán bajo violentas cascadas y explorarán las aguas subterráneas más curiosas. ¿A qué están esperando? ¡Vamos a mojarnos!*

A algunos adolescentes podría aburrirles la idea de trabajar en un parque de atracciones, pero mi hermano y yo estamos eufóricos. Somos dos idiotas que parlotean y chocan las manos ataviados con camisetas de los Pingüinos de Pittsburgh. En Tampa brilla el sol, hay agua por todas partes y la sal flota en el aire. El mundo se nos abre por fin. Llevamos años huyendo de la herencia paterna, marginados y aterrorizados. Durante años, Ahmed nos ha golpeado y *vigilado* de una manera tan aterradora que nunca nos hemos sentido a salvo. Pero ahora, mi hermano y yo dirigiremos safaris y descensos fluviales. Iremos a un sitio al que Ahmed no puede seguirnos. La única manera de entrar en Busch Gardens es trabajar allí o comprar una entrada. Si ahora quiere espiarnos, le va a costar cincuenta dólares.

Y así es como por fin, de una vez por todas y definitivamente, tengo la oportunidad de descubrir la vida a mi manera: mi padre está encerrado bajo llave y mi padrastro se ha quedado fuera.

● ● ●

Ya tengo dieciocho años, y durante el verano en Tampa todos los ritos de iniciación adolescente hacen cola ante mí. Por primera vez asisto a fiestas y me emborracho. Finjo que voy a comprar un refresco y en realidad me fumo un cigarrillo en el aparcamiento del 7-Eleven. Me compro un coche. ¡Un coche! ¡El símbolo de la libertad por excelencia! Bueno, es un coche malo donde los haya, un viejo Ford Taurus con pegatinas y calcomanías que no hay manera de quitar. Sin embargo, lo adoro tanto que por la noche, acostado en la cama, pienso en él como si fuera mi novia o algo parecido. Para ser sincero, mis experimentos de chico malo son todos timoratos y efímeros. Mi verdadera rebelión es que estoy empezando a cuestionarme todo lo que mi padre representa. Desde el momento en que me pongo mi uniforme de safari del Rally de los Rinocerontes, conozco a turistas y compañeros de trabajo de todo tipo, lo cual es tan liberador que apenas puedo poner en palabras lo que siento. Estoy cogiendo todas las mentiras fundamentalistas que alguna vez me contaron —sobre los países, las guerras y las religiones— y las estoy mirando al trasluz.

De niño, jamás cuestioné lo que oía en casa, el colegio o la mezquita. La intolerancia simplemente se colaba en mi sistema junto con todo lo demás: *Alexander Graham Bell inventó el teléfono. Pi es igual a 3,14. Todos los judíos son malvados, y la homosexualidad es una abominación. París es la capital de Francia.* Todo parecían datos. ¿Quién era yo para poner en duda lo que me decían? Nací para temer a las personas que eran diferentes y mantenerme lo más lejos posible de ellas para mi «protección». El fanatismo es un círculo tan enloquecedoramente perfecto que, de entrada, jamás me acerqué lo suficiente para averiguar si debía tenerles miedo.

Puesto que mi padre estaba obsesionado con Oriente Próximo, se me recordaba a todas horas que los judíos eran unos canallas, y fin de la discusión. ¿Y los homosexuales? Cuando tenía quince años, tres afganos fueron declarados culpables de sodomía, y los talibanes decretaron que fueran enterrados bajo un montón de piedras y que luego, utilizando un carro de combate, se derribara un muro encima de ellos. La versión talibana de la clemencia era que si los hombres seguían vivos al cabo de treinta minutos, se les perdonaría la vida.

Esta era la clase de dogmatismo que se había ido infundiendo en mi cerebro desde que nací y que las variedades de antisemitismo y homofobia de la cultura estadounidense no hicieron más que reforzar. Aunque, últimamente, ha habido una nueva voz insólita que ha hecho astillas estas mentiras: Jon Stewart.

Siempre me encantó *The Daily Show* de Craig Kilborn, y cuando anunciaron que Stewart iba a tomar el testigo, me indigné como solo un adolescente es capaz de indignarse: *¿Quién es este tío? ¡Traed de nuevo a Kilborn!* Pero en Tampa veía obsesivamente a Stewart e insistía en que mi madre se sentara conmigo en el sofá. El humor de Stewart es como una droga; hace que parezca genial investigar, preguntar y preocuparse, ya sea sobre el movimiento pacifista o los derechos de los homosexuales, ya sobre cualquier cosa. El *tío* odia los dogmatismos.

Me he tenido que zampar tanta supuesta sabiduría en mi vida, que Stewart resulta una revelación. Sinceramente, él es lo más próximo a una figura paterna humana e inteligente que jamás tendré. Me quedo despierto hasta tarde esperando a que me descifre el mundo, y me ayuda un montón a reajustar el cableado defectuoso de mi cerebro. Y me parece de lo más adecuado que mi nuevo modelo de conducta sea judío.

● ● ●

El trabajo en el Rally de los Rinocerontes es fenomenal. Y una verdadera explosión. Resulta que, oculto bajo mi inseguridad, soy un pedazo de guasón. Esta faceta queda patente cuando me coloco los cascos con micrófono y me siento detrás del volante del Land Rover. Todos los guías seguimos el mismo guión básico, pero podemos improvisar cuanto queramos, siempre que nadie se rompa un brazo o presente una reclamación. En cada excursión escojo a un «copiloto» para que se siente a mi lado. Si alguien se muere de ganas de hacerlo —siempre hay algún chico que lanza la mano al aire antes siquiera de que empiece a explicar el trabajo— nunca le escojo. Quiero personas que sean amables y se sientan inseguras y que tengan pinta de poder soportar alguna broma. Nunca se me ocurre preocuparme de a qué Dios le rezan, aunque, para ser sinceros, si llevan un jersey de los Philadelphia Flyers que se vayan olvidando. No soy perfecto.

Un día de agosto monto a dieciocho turistas en el Rover y anuncio que por desgracia a mi copiloto habitual se lo ha comido un cocodrilo («De hecho, es posible que más tarde podamos ver algún trozo de él en el estanque») y pregunto si alguien querría presentarse voluntario. Las manos habituales empiezan a agitarse; los demás se ponen a rebuscar en sus mochilas y bolsos para evitar el contacto visual. Un hombre ligeramente rechoncho, un padre de unos cincuenta y tantos años que lleva una riñonera se pone rojo como un tomate. Así que me levanto, le entrego unos cascos y digo: «¿Hace el favor?» Una expresión de miedo cruza su rostro, pero sus hijos empiezan a gritar a coro: «¡Hazlo, Abba! ¡Hazlo!», y sé que le tengo pillado. Coge los cascos y el grupo de la excursión manifiesta su aprobación ruidosamente, lo que provoca que el hombre se ponga todavía más colorado. Una vez que se ha instalado en el asiento del copiloto, le hago algunas preguntas para información del público.

—Bueno, señor. ¿Cómo se llama?

—Tomer.

—Excelente. Puede llamarme Z. ¿De dónde viene?

—De Israel.

—Muy bien. Dígame, Tomer, ¿tiene alguna experiencia en mantener a raya a los leones, vendar piernas heridas o hacer sopa con la corteza de los árboles?

—No, la verdad es que no.

—¿Ninguna en absoluto?

—Esto… no me ha surgido nunca la ocasión.

—Vale, por suerte nos podemos apañar. Aunque vamos a cruzar un puente bastante desvencijado. ¿Cuánto puede contener la respiración debajo del agua?

—Ni siquiera sé nadar.

—Curioso. De hecho, esas fueron las últimas palabras de mi copiloto habitual.

—¿Lo dice en serio?

—No, en realidad sus últimas palabras fueron: «¡Ayúdame, Z! ¿Por qué te alejas?» Pilla la idea, ¿verdad? Tomer, no quiero ser grosero, pero me parece que no está en absoluto capacitado para actuar como copiloto. Me sorprende un poco que se haya presentado voluntario.

—Mi reloj lleva una brújula incorporada.

—¿Sabe una cosa? Con eso me basta. ¡Un aplauso para Tomer, todos!

El grupo rompe a reír y aplaudir, los hijos de Tomer con más entusiasmo que nadie, y nos ponemos en marcha.

● ● ●

Todos los días se desarrolla una versión de esa misma escena en el Rally de los Rinocerontes, y todo tipo imaginable de personas acaban sentándose en el asiento del copiloto. Es asombroso lo mucho que se puede aprender de alguien cuando sobrevives con él al bosque húmedo y la sabana, cuando el puente que estás atravesando se resquebraja de golpe y tu vehículo cae al río y se aleja flotando sobre una balsa de troncos milagrosamente salvadora. La avalancha de gente y más gente en mi vida resulta embriagadora. Me paseo por Busch Gardens con la cabeza literalmente alta, porque conozco a personas *que no son como yo*. Ahora tengo la prueba incontrovertible de que mi padre me educó a base de mentiras. El fanatismo es una estupidez; solo funciona si no sales jamás de tu casa.

Durante mis descansos en el Rally de los Rinocerontes, empiezo a pasar el rato en el espectáculo de rock de Oriente Próximo de Busch Gardens. (Siempre me ha encantado la idea de subir a un escenario. En una ocasión, conseguí un papel en una representación de *Bye Bye Birdie* en el instituto, aunque Ahmed no me dejó aceptarlo.) De hecho, voy al espectáculo tan a menudo que me hago amigo de un trompetista musulmán llamado Yamin. Por medio de él conozco a dos bailarines, Marc y Sean, que son homosexuales. Al principio me muestro reservado en su presencia. No tengo ninguna experiencia en el trato con hombres homosexuales, y, lo admito con vergüenza, me muestro prejuicioso con ellos. Debido a las enseñanzas que he recibido, es como si sobre sus cabezas una señal proyectara las palabras «¡MALA INFLUENCIA! ¡MALA INFLUENCIA!» Tal vez no reparen en que me muestro distante; quizá se compadezcan de mi estrechez de miras; o puede que simplemente me den una pase gratis porque soy amigo de Yamin. Sea como fuere, no pueden ser más sinceros y menos prejuiciosos conmigo. Me dejan que les hable atropelladamente del Rally de los Rinocerontes, no se ríen cuando les confieso en secreto que me encanta cantar, e intentan (sin resultado) enseñarme algunos pasos de baile. A base de pura amabilidad acaban por doblegarme. He pasado tanto tiempo siendo intimidado que no puedo resistirme a la ternura.

Es más o menos por esta época cuando una noche llego a casa con mi uniforme del parque de atracciones y le digo a mi madre que, a pesar de todas las declaraciones de mi padre y Ahmed, voy a intentar confiar en el mundo. Mi madre jamás ha hecho comentarios desagradables sobre las personas, pero a lo largo de los años ha soportado aún más dogmatismo que yo. Es en este momento cuando ella pronuncia esas ocho palabras sobre las que edificaré el resto de mi vida: «Estoy tan cansada de odiar a la gente».

• • •

Y, de repente, nos vemos sorprendentemente libres de Ahmed. Incluso mi madre se libera. No deja a Ahmed en un arrebato de ira; no le dice que es un ser humano detestable ni que ningún paraíso musulmán le está esperando. Está demasiado cansada, demasiado desanimada para eso. Sin embargo, en mi opinión, dejarle es un éxito. Mi madre hace las maletas y regresa a Pittsburgh a cuidar a la suya, que ha tenido una serie de aneurismas cerebrales.

Solo he visto a mi abuela unas cuantas veces en mi vida por culpa del disgusto que le causó que mi madre se convirtiera al islam. Aparentemente, hablaba en serio cuando le dijo a mi madre que no sería bien recibida en su casa llevando *un maldito pañuelo* en la cabeza. Aunque para mi madre el amor y la lealtad están por encima de todo. Y resulta que, en medio del deterioro de mi abuela, sucede algo extraño y fortuito. Si alguna vez necesitan la prueba de que la intolerancia no es más que un engaño de la mente, hela aquí: debido a sus apoplejías, mi abuela ha olvidado por completo y en un instante que odia la religión de mi madre y que aborrece a su hija por haberla escogido. Y el prejuicio no es el único mal hábito del que se ha liberado su cerebro: también se ha olvidado de que llevaba fumando cincuenta años.

• • •

Antes de que termine el verano, algunos de mis colegas de Busch Gardens y yo quedamos para comer con calma y probar un montaña rusa llamada Montu. La atracción debe su nombre a un antiguo rey de la guerra que era mitad hombre, mitad halcón. Está en una parte del parque llamada Egipto, lo cual excita convenientemente mi vena humorística. La montaña se levanta como un monstruo marino por encima de las palmeras, las tiendas temáticas de Oriente Próximo y las falsas ruinas de piedra arenisca cubiertas de escritura árabe. (El árabe hace que me parta de risa: no es más que un galimatías.) Mis nuevos amigos y yo subimos a la montaña rusa. Nadie es capaz de callarse. Todos discuten sobre cuál es la característica más genial de Montu: *¿Son los siete vuelcos completos? ¿Es el salvaje giro con gravedad cero? ¿Lo es el jodido y furioso bucle Immelman?* No terminan de decidirse. Quieren que yo emita el voto que rompa el empate, pero yo no tengo ni idea de lo que están hablando, porque hay una cosa más que nunca había experimentado en mi burbuja islámica —¡una montaña rusa auténtica!— y estoy muerto de miedo.

Hemos coronado la primera cima y nos hemos lanzado a lo que parece ser una caída libre. Durante un minuto completo ni siquiera soy capaz de abrir los ojos. Cuando lo hago, veo las caras de mis amigos: están radiantes de alegría. Echo una mirada a Egipto. A la llanura del Serengeti. Al Aparcamiento. Entonces nos precipitamos al giro gravedad cero a casi cien kilómetros por hora, y hay tres preguntas que resuenan en mi cabeza: 1) ¿Se me van a caer los zapatos? 2) Si vomito, ¿el vómito bajará o subirá? y 3) ¿Por qué nadie se tomó un par de segundos para decirme que había nacido para odiar y nombrar a las montañas rusas, siquiera sea de pasada, como la *cosa más genial del mundo*?

Mi mente retrocede a mi primer recuerdo: mi padre y yo dando vueltas en las gigantescas tazas de té del Parque de Atracciones de Kennywood, en Pensilvania. A la sazón, solo tenía tres años, así que solamente recuerdo destellos de luz y ráfagas de color. Aunque sí que hay un instante que recupero: a mi padre riéndose, de pie en la taza de té, y diciendo a gritos una oración familiar: «¡Oh, Alá, protégeme y condúceme a mi destino!»

Mi padre perdió su camino, pero eso no me impidió encontrar el mío.

11 Epílogo

Si he dedicado tanto espacio en este libro a los prejuicios es porque convertir a alguien en un fanático es el primer paso para hacer de él un terrorista. Busca a alguien vulnerable, alguien que haya perdido la confianza en sí mismo, su salario, su orgullo, su voluntad. Alguien que se sienta humillado por la vida. Y entonces, le aíslas. Le llenas de temor y furia, y te encargas de que vea a cualquiera que sea diferente a él como un blanco sin rostro —una silueta en un campo de tiro como el de Calverton—, en vez de como un ser humano. Pero incluso las personas que han sido educadas en el odio desde el nacimiento, las personas cuyas mentes han sido deformadas y convertidas en armas, pueden decidir qué es lo que quieren ser. Y pueden ser unos extraordinarios defensores de la paz, precisamente porque han sido testigos directos de los efectos de la violencia, la discriminación y la privación de derechos. Las personas que han sido así acosadas son capaces de comprender mejor que nadie lo poco que el mundo necesita tener más víctimas.

Sé que la pobreza, el fanatismo y la carencia de educación del sistema convierten la clase de transformación que estoy describiendo en algo alarmantemente improbable en algunas partes del mundo. También sé que no todo el mundo tiene la flama moral de Gandhi, Nelson Mandela o Martin Luther King, Jr., —yo desde luego no la tengo— y que no todo el mundo puede transformar el sufrimiento en determinación. Pero también estoy convencido de que la empatía es más fuerte que el odio y de que nuestras vidas deberían dedicarse a difundirla como si fuera un virus.

Empatía, paz, no violencia... pueden parecer unas herramientas pintorescas en el mundo del terrorismo que mi padre contribuyó a crear. Pero, como se ha escrito muchas veces, la utilización de la no violencia para resolver conflictos no significa ser pasivo; ni significa asumir el victimismo o dejar que los agresores se descontrolen; ni siquiera significa renunciar a la lucha, no precisamente. Lo que significa es que humanices a tus oponentes, reconozcas las necesidades y los miedos que compartes con ellos y trabajes en aras de la reconciliación y no de la venganza. Cuanto más considero esta famosa cita de Gandhi, más me gusta la dureza y el compromiso que encierra: «Hay muchas causas por las que estaría dispuesto a morir. No hay ni una sola por la que estuviera dispuesto a matar». La intensificación no puede ser nuestra única respuesta a la agresión, independientemente de lo programados mentalmente que estemos para contraatacar y contraatacar con más fuerza. El difunto historiador de la contracultura Theodore Roszak lo expresó así en una ocasión: «La gente prueba la no violencia una semana, y, cuando ven que "no funciona", vuelven a la violencia, que lleva siglos sin funcionar».

● ● ●

Dejé de aceptar las llamadas a cobro revertido de mi padre cuando tenía dieciocho años. De tanto en tanto, recibo un correo electrónico desde la cárcel de Illinois en el que dice que le gustaría iniciar una correspondencia. Pero he aprendido que ni siquiera eso lleva a buen puerto. Mi padre no ha dejado ni un instante de recurrir contra sus condenas; considera que el Estado violó sus derechos civiles durante la investigación. Así que en una ocasión le escribí un correo electrónico y le pregunté sin ambages si había asesinado al rabino Kahane y participado en la conspiración para atentar contra el World Trade Center en 1993. Y añadí: *Soy tu hijo y tengo que saberlo por ti.* Me respondió con una metáfora altisonante e indescifrable que tenía más vueltas y revueltas que la montaña rusa de Busch Gardens. La respuesta le hizo parecer desesperado y egoísta. Ya no digamos culpable.

El asesinato de Kahane no solo fue aborrecible, sino un fracaso como algo más que un simple asesinato. Mi padre había pretendido callar al rabino y glorificar a Alá. Pero lo que *de verdad* hizo fue traer la vergüenza y la sospecha sobre todos los musulmanes e inspirar más actos cobardes e insensatos de violencia. El día de Nochevieja de 2000 el hijo pequeño y la nuera del rabino fueron asesinados —y cinco de sus seis hijos heridos— cuando un pistolero palestino disparó con una ametralladora contra la furgoneta de la familia en la que volvían a casa. Otra familia destruida por el odio. Cuando lo leí, sentí asco y tristeza.

Pero más asco sentí el 11 de Septiembre. Me senté a ver las imágenes en nuestro salón de Tampa, obligándome a asimilar el inconmensurable horror del atentado y luchando contra el devastador sentimiento de que en cierto sentido era cómplice por consanguinidad. Por supuesto, el dolor que sentí no fue nada comparado con el de las víctimas reales y sus familias. Se me sigue partiendo el corazón por su causa.

Uno de los muchos aspectos positivos de no hablar más con mi padre es que jamás he tenido que escucharle pontificar sobre los viles acontecimientos que tuvieron lugar el 11 de Septiembre. Debe de haber considerado la destrucción de las Torres Gemelas como una gran victoria para el islam, puede incluso que la culminación del trabajo que él, el Jeque ciego y Ramzi Yousef empezaron años antes con la furgoneta Ryder amarilla.

Por si sirve de algo —y no estoy seguro de que sirva para nada a estas alturas—, ahora mi padre afirma apoyar una solución pacífica para Oriente Próximo. También afirma que detesta la matanza de inocentes y aconseja a los yihadistas que *piensen en sus familias*. Dijo todo esto en una entrevista concedida a *Los Angeles Times* en 2013. Espero que este cambio en su forma de pensar sea auténtico, aunque llega demasiado tarde para los inocentes que fueron asesinados y para mi familia, que acabó hecha pedazos. Ya no aspiro a saber en qué es lo que cree mi padre. Ahora sé que durante demasiados años le presté atención.

Por lo que a mí respecta, ya no soy musulmán y ya no creo en Dios. Cuando se lo dije a mi madre, se le partió el corazón, lo que a su vez hizo que se me partiera a mí. El mundo de mi madre se sostiene en su fe en Alá. Lo que define *mi* mundo es el amor por mi familia y mis amigos, la convicción moral de que todos debemos ser mejores unos con otros y con las generaciones venideras y el deseo de remediar parte del daño que mi padre ha hecho en la medida que pueda, por pequeña que sea. Queda un vestigio de mi educación religiosa: siempre que leo en Internet algo relacionado con algún nuevo acto de maldad, instintivamente confío contra toda esperanza en que no sea obra de los musulmanes; los muchos seguidores pacíficos del islam ya han pagado un precio bastante alto por las acciones de la facción fundamentalista. Por lo demás, antepongo las personas a los dioses. Respeto a los creyentes de todo tipo y trabajo para promover el diálogo entre credos, pero toda mi vida he visto utilizar la religión como arma y yo estoy dejando todas las armas a un lado.

● ● ●

En abril de 2012 tuve la surrealista experiencia de dar una charla ante unos doscientos agentes federales en el cuartel general del FBI de Filadelfia. La Agencia quería establecer una mejor relación con la comunidad musulmana, y el agente al mando de la campaña me había oído abogar por la paz en el colegio de su hijo, así que heme ahí, sintiéndome honrado pero nervioso. Había muchísimo público. Empecé con una broma («No estoy acostumbrado a ver a tantos de ustedes de golpe; por lo general trato con dos cada vez»), la cual fue recibida con un silencio desconcertante y enseguida por una carcajada bastante sonora por la que siempre me sentiré agradecido. Seguí contando mi historia y me ofrecí como prueba de que es posible hacer oídos sordos al odio y la violencia, y escoger simplemente la paz.

Después de la charla, pregunté si había alguna pregunta, y no la había. Parecía algo insólito, pero ¿sería posible que los agentes del FBI estuvieran demasiado nerviosos para levantar la mano? De todas formas, dije: «Muchísimas gracias por recibirme», y el público aplaudió y empezó a dispersarse. Y entonces sucedió algo simpático, que no he olvidado nunca: un grupo de agentes formó una fila para estrecharme la mano.

El primer agente me dedicó unas palabras amables y me dio un fuerte apretón de manos. El tercero, una mujer, había estado llorando.

—Probablemente no me recuerde, y no hay razón para que debiera hacerlo —dijo—. Pero fui uno de los agentes que trabajó en el caso de su padre. —Se detuvo con torpeza, lo cual despertó mis simpatías hacia ella—. Siempre me pregunté qué habría sido de los hijos de El-Sayyid Nosair —prosiguió—. Me daba miedo que hubieran seguido su camino.

Me siento orgulloso del camino que he elegido. Y creo hablar por mi hermano y mi hermana cuando digo que rechazar el extremismo de nuestro padre no solo nos salvó la vida, sino que hizo que mereciera la pena vivir nuestras vidas.

Para responder a la pregunta de la agente, he aquí lo que les ocurrió a los hijos de El-Sayyid Nosair:

Nosotros ya no somos sus hijos.

AGRADECIMIENTOS

A mi mejor amiga, Sharon. Las palabras no pueden expresar adecuadamente todo lo que me has dado. Lo has sido todo. Decir «Esto no habría sido posible sin ti» es un eufemismo. Gracias, colega.

Gracias a Robin y Warren, nuestros «padrinos» dinámicos, que nos dieron unos consejos asombrosos y su pozo de conocimientos.

A mi madre, que me inculcó el amor por la lectura, del que extraigo provecho cada día. No sé cómo pudiste sacarnos adelante. A mi encantadora hermana, por no abandonarme nunca. A mi hermano: los lazos que hemos compartido desde niños nunca me abandonarán. Eres la persona más genial que conozco.

Gracias a Frank, Vera y Frankie.

Gracias a mis queridos amigos de Pittsburgh: Holly y Doug, Mike y Chad, Mark y Tracy, Mike y Betsy, Jeff, Kate, Kaitlin y Alisa, Knut, Cathy y Colin y Mike y Jules, por vuestro impresionante apoyo y por haber conseguido que me dé cuenta de lo grande que es realmente mi familia. ¡Vamos, Steelers!

Gracias a mis amigos de Filadelfia: Jasmine y mis primeros amigos de Orlando, José y Suboh. A Bill y Cathy por apoyarme, la agente especial JJ, Alexander y Fin (aunque seáis seguidores de los Flyers), JDKC, Laura V., Marilyn y Elaine, rabino Mike,

Alex, rabino Elliott S., Dave, pastor Scott H., Brian, Lia, Pod, DC Jenny, Colleen y Michael, Bob, Heather y Bill, y a Charlie, que siempre dijo que tenía que dar una Charla TED.

Me gustaría enviar mi agradecimiento a todos los que me apoyaron a lo largo de mi andadura: Emily, Sarah, Martina, Jesse, Kathleen, Barbara, Danielle, Marianne, Masa, Todd, Mary Lowell, Michel, Troy y Abed, y a tantas personas que no he mencionado y que me dieron fuerza y coraje a lo largo del camino.

Mi más inmenso agradecimiento a Jeff Giles. Ha sido un placer trabajar contigo y te estoy profundamente agradecido por ayudarme a darle una forma coherente a mis ideas. Me gustaría agradecer de manera especial la energía positiva y la experiencia editorial de Michelle Quint. Mi más sinceras gracias y reconocimiento a Deron, Alex, June, Ellyn y a todas las personas de TED por creer en mi mensaje. Todo mi reconocimiento a Carla Sacks por sus consejos. Y, por último, muchísimas gracias a Chris Anderson por creer que no sucumbiría a la presión de hacer de telonero de Bill Gates y Sting.

Muchas gracias a todos.

SOBRE LOS AUTORES

ZAK EBRAHIM nació en Pittsburgh, Pensilvania, el 24 de marzo de 1983, hijo de un ingeniero industrial egipcio y una maestra norteamericana. Cuando contaba siete años, su padre disparó y asesinó al fundador de la Liga de la Defensa Judía, el rabino Meir Kahane. Ya entre rejas, el padre de Ebrahim, El-Sayyid Nosair, fue coautor intelectual del atentado con bomba perpetrado contra el World Trade Center en 1993. Ebrahim pasó el resto de su infancia trasladándose de ciudad en ciudad, ocultando su identidad a aquellos que sabían de la existencia de su padre. En la actualidad dedica su vida a hablar contra el terrorismo y difundir su mensaje de paz y no violencia. En 2013 participó en el concurso de talentos TED en Nueva York, y al año siguiente fue seleccionado para hablar en la principal Conferencia TED. Su Charla TED sirvió de inspiración para este libro.

Una parte de las ganancias que el autor recibió por escribir este libro han sido donadas a Tuesday's Children, una organización sin ánimo de lucro que ayuda a las comunidades de todo el mundo afectadas por el terrorismo.

Para más información sobre Tuesday's Children: www.tuesdayschildren.org

JEFF GILES es periodista y novelista y vive en Nueva York. Ha colaborado con *The New York Times Book Review*, *Rolling Stone* y *Newsweek*, y trabajado como editor jefe en *Entertainment Weekly*. Su primera novela, dirigida al público juvenil, será publicada por Bloomsbury en 2016.

ASISTE A LA CHARLA TED DE ZAK EBRAHIM

Zak Ebrahim, autor de *Hijo de terrorista*, habló en la Conferencia TED de 2014. Su charla de 9 minutos, disponible de forma gratuita en TED.com, sirvió de inspiración para este libro.

go.ted.com/ebrahim

PHOTO: JAMES DUNCAN DAVIDSON

CHARLAS RELACIONADAS EN TED.COM

Scilla Elworthy: *Combatir con la no violencia*
go.ted.com/scilla_elworthy
En esta charla sensata y conmovedora, la pacifista Scilla Elworthy detalla las habilidades que necesitamos —como países e individuos— para combatir la fuerza extrema sin a su vez utilizar la fuerza.

Aicha el-Wafi & Phyllis Rodriguez: *Las madres que forjaron el perdón y la amistad*
go.ted.com/two_mothers
Dos madres comparten una fuerte amistad nacida de una pérdida inimaginable. El hijo de una de ellas fue asesinado en los atentados contra el World Trade Center del 11 de septiembre de 2001; el hijo de la otra fue condenado por su participación en dichos atentados y cumple cadena perpetua.

Shaka Senghor: *Por qué tus peores acciones no te determinan*
go.ted.com/shaka_senghor
En 1991, Shaka Senghor disparó y mató a un hombre. Encarcelado por un delito de homicidio, ese podría haber sido el final de su historia. En su lugar, fue el principio de un viaje hacia la redención.

Maz Jobrani: *¿Te sabes el del irano-americano?*
go.ted.com/maz_jobrani
Uno de los fundadores de la Gira de la Comedia del Eje del mal, el monologuista Maz Jobrani, comenta humorísticamente los problemas y conflictos de ser irano-americano.

ACERCA DE TED

TED es una organización sin ánimo de lucro dedicada a la difusión de ideas, normalmente bajo la forma de charlas breves pero profundas (18 minutos o menos), pero también a través de libros, animación, programas de radio y eventos. TED nació en 1984 como una conferencia en la que convergían tecnología, ocio y diseño, y hoy día toca casi todos los campos, desde la ciencia a la empresa pasando por temas mundiales, en más de cien idiomas.

TED es una comunidad global, que da la bienvenida a personas de cualquier campo y cultura que quieren tener un conocimiento más profundo del mundo. Creemos apasionadamente en el poder que tienen las ideas para cambiar actitudes, vidas y, en última instancia, nuestro futuro. En TED.com construimos un almacén de conocimiento gratuito que ofrecen los pensadores más inspirados del mundo, y una comunidad de almas curiosas que pueden relacionarse unas con otras y con sus ideas.

Nuestra principal conferencia anual reúne a líderes intelectuales de todos los campos para intercambiar ideas. Nuestro programa TEDx permite que comunidades de todo el mundo alberguen sus propios eventos locales, independientes, durante todo el año. Y nuestro Open Translation Project garantiza que estas ideas puedan superar fronteras.

De hecho, todo lo que hacemos, desde la TED Radio Tour hasta los proyectos nacidos del TED Prize, desde eventos TEDx hasta la serie de lecciones TED-ED, apunta a este objetivo: ¿cómo podemos difundir de la mejor manera las grandes ideas?

TED es propiedad de una organización sin ánimo de lucro y sin afiliación política.

ACERCA DE LOS LIBROS TED

Los libros TED son libros pequeños con ideas grandes. Son lo bastante cortos como para leerlos de una sentada, pero lo bastante largos como para profundizar en un tema. Esta amplia serie abarca temas que van desde la arquitectura hasta la empresa, el viaje por el espacio y el amor, y es perfecta para aquel que tenga una mente curiosa y el deseo expansivo de aprender.

TED ha concedido a Empresa Activa la licencia para español
de su serie de 12 libros en papel.

Estos libros, con un formato llamativo y original, no dejarán a nadie indiferente
por la variedad de autores y temática.

Por fin vas a poder profundizar y explorar en las ideas que proponen las TED Talks.

TED Books recoge lo que las TED Talks dejan fuera.

Pequeños libros,
grandes ideas
www.ted.com
www.empresaactiva.com